企业管理会计的智能化与创新研究

高志玥 王永莉 周春艳 著

延边大学出版社

图书在版编目（CIP）数据

企业管理会计的智能化与创新研究 / 高志玥，王永莉，周春艳著. -- 延吉：延边大学出版社，2022.7
ISBN 978-7-230-03545-3

Ⅰ．①企… Ⅱ．①高… ②王… ③周… Ⅲ．①企业会计－管理会计－研究 Ⅳ．①F275.2

中国版本图书馆CIP数据核字(2022)第131223号

企业管理会计的智能化与创新研究

著　　　者：高志玥　王永莉　周春艳	
责任编辑：王思宏	
封面设计：品集图文	
出版发行：延边大学出版社	
社　　　址：吉林省延吉市公园路977号	邮　　编：133002
网　　　址：http://www.ydcbs.com	
E-mail：ydcbs@ydcbs.com	
电　　　话：0433-2732435	传　　真：0433-2732434
发行电话：0433-2733056	传　　真：0433-2732442
印　　　刷：北京宝莲鸿图科技有限公司	
开　　　本：787 mm×1092 mm　1/16	
印　　　张：10	字　　数：200千字
版　　　次：2022年7月　第1版	
印　　　次：2022年9月　第1次印刷	

ISBN 978-7-230-03545-3

定　　价：68.00元

前　言

随着社会的发展，各种信息技术被广泛应用于企业管理领域，并取得了非常卓越的应用成果。对于企业财务管理体系改革来说，企业想要收获理想的财务管理成果，就必须加紧推进管理会计的智能化发展，全面提高财务管理效率。

在企业的日常生产经营活动中，管理会计的各项职能贯穿于企业生产的每一个环节，管理会计人员充分利用自身的专业技能和职业道德素养，帮助企业完善会计规章制度，控制和监督企业的各个会计环节，并根据企业的实际情况，制定有效针对财务问题的科学解决策略，优化企业资源配置，从而使企业经济效益达到最大化。基于此，企业要结合创新的管理理念和先进的管理技术，大力促进管理会计的智能化发展。

本书从管理会计的概述、职能、管理方式、实践和数字经济时代对管理会计的影响几个方面进行阐述，将企业管理会计的智能化与创新性进行分析研究，阐述了财会部门在组织中居于管理的核心位置，需要采取有效的财务管理的策略和路径。

本书对现代企业管理会计的实践应用、管理方式等论述得较为详细，希望能为相关企业提供参考，从而引领企业管理会计系统趋向智能化和信息化发展，不断提高企业的财务管理水平和运行效率。

目　　录

第一章　管理会计概述 ··· 1
第一节　管理会计的发展 ·· 1
第二节　管理会计职能及其作用 ······································ 5
第三节　管理会计与绩效评价 ·· 10
第四节　大数据下的管理会计 ·· 13

第二章　管理会计的职能 ·· 21
第一节　战略管理 ··· 21
第二节　预算管理 ··· 30
第三节　绩效管理 ··· 40
第四节　营运管理 ··· 49
第五节　成本管理 ··· 59

第三章　会计的管理方式 ·· 63
第一节　财务会计精细化管理 ·· 63
第二节　管理会计与财务会计融合 ·································· 67
第三节　会计核算规范化管理 ·· 72
第四节　管理会计人才培养 ··· 77

第四章　管理会计的实践 ·· 82
第一节　嵌入区块链的跨组织管理会计研究 ····················· 82
第二节　供给侧结构性改革与管理会计研究 ····················· 88
第三节　基于阿米巴经营模式的管理会计研究 ·················· 93

第五章 数字经济时代对管理会计的影响 ·········· 98
第一节 管理会计信息系统数字化 ·········· 98
第二节 数字经济背景下管理会计的转型 ·········· 108
第三节 数字经济背景下企业管理会计模式创新 ·········· 115

第六章 企业管理会计智能化 ·········· 122
第一节 企业管理会计智能化发展 ·········· 122
第二节 智能化管理会计信息系统架构 ·········· 128
第三节 智能化核算下会计人员管理 ·········· 134
第四节 大数据智能化下管理会计发展 ·········· 142
第五节 互联网对财务会计智能化管理 ·········· 147

参考文献 ·········· 153

第一章 管理会计概述

第一节 管理会计的发展

管理会计的萌芽，可以追溯到20世纪初。美国芝加哥大学首先在世界范围内开设"管理会计"的学术沙龙，时任主持人及主讲人的詹姆斯·麦金西教授是其中一位学术大家，并出版了《管理会计》一书。这是美国第一本以"管理会计"来命名的专著，具有管理会计学发展奠基石的意义。

随后，管理会计逐步被业界所了解与熟悉，而且现代管理科学的产生极大地推动了管理会计进入新的发展阶段。自20世纪80年代以来，罗伯特·卡普兰教授成为管理会计领域又一颗耀眼的新星。1992年，卡普兰教授在美国《哈佛商业评论》发表了《平衡计分卡——驱动绩效的量度》，在此之后他和同道持续更新该理论体系，阐释了战略管理系统、战略地图、战略管理办公室、战略执行系统等理念。

20世纪80年代，我国的会计理论研究达到繁荣时期。从借鉴西方学界经验开始，以余绪缨教授为代表的中国会计学者提出"对西方在企业经营管理领域中的一切经验和成就（包括现代管理会计在内）应该采取客观的、分析的态度，取其精华，弃其糟粕，为我所用。"余绪缨教授在《现代管理会计是一门有助于提高经济效益的学科》提出，现代管理会计的形成与发展可分为执行性管理会计和决策性管理会计两大阶段。前者是以泰罗的科学管理学说为基础，包括成本控制、预算控制和差异分析等；后者是以服务于企业提高经济效益为核心的决策性管理。余绪缨教授在我国引入了管理会计理论，创立有中国特色的管理会计方法体系，是我国管理会计研究的开拓者和奠基人。

经过一个多世纪的变迁，伴随着现代管理的更迭与创新，管理会计成为传统的财务会计和企业管理融合的产物，利用财务会计及其他相关资料进行整理、计算、对比和分析，使管理人员据以对日常发生的组织内的经济活动加以规划与控制，成为赋能管理、赋能业务的专业化信息系统。

一、管理会计在我国的发展现状

管理会计在我国的发展，是推动经济转型的迫切需求。当面对国内外复杂的经济形势，只有加快经济发展方式转变，充分挖掘管理潜力，才能实现社会经济的持续发展。

从国家战略而言，加强管理会计工作，可以激发管理活力，增强企业价值创造力，推进行政事业单位加强预算绩效管理、决策分析和评价，发挥好财政在国家治理中的基础和重要支柱作用。我国财政部于2014年10月发布了《财政部关于全面推进管理会计体系建设的指导意见》，2016年6月发布了《管理会计基本指引》，2017年9月发布了《管理会计应用指引第100号——战略管理》等多项管理会计应用指引，旨在总结我国在大中型企业普遍应用的管理会计实践工作，从应用环境、管理会计活动、工具方法、信息与报告等多维度，具体呈现工作战略导向性、与业务的融合性、与单位治理水平的适应性、有效权衡成本和效益等管理价值。

从企业重视而言，企业家需要找到合适的工具去看清企业的现状，并根据实际情况去决策和确定企业业务发展的方向。我国管理会计有了较大的发展，学者们在学习吸收西方管理会计的基础上，结合我国实际情况，提出了一些具有我国特色的理论和方法。近年来，我国企业对管理会计方面的应用不断增多，管理会计理论不断创新，管理会计实践日益丰富。在理论方面，我国比较重视管理会计基本理论、战略管理会计、成本管理等方面的研究，强化对企业未来进行科学规划。"管理的重心在于经营，经营的重心在于决策，决策的关键在于预测。"管理会计之所以重要，在于能够发挥预测经济前景的关键作用。在实际应用方面，在初期应用内容比较广泛的有本量利分析、目标成本管理、成本形态分析，帮助企业选择合理、合适的量化模型，为企业未来的销售成本、利润、资金变动做出预测。进入21世纪以来，平衡计分卡、作业成本法、全面质量管理等现代管理会计的理论和方法，在我国得到了初步应用。随着我国企业内部控制建设的逐步规范，作业成本法、平衡计分卡的应用得到加强。

二、我国管理会计的发展方向

（一）成本概念的多维性

目前，我国的经济体制改革不断深入，各种市场机制也在逐渐完善，各大企业逐渐成为独立的经营实体。企业的各种成本考核、成本计算等面临着巨大的挑战，企业的成本目标已经发展为集决策、计划、考核、分析为一体的多元机制。预计成本为满足各种预测、决策等成本管理的要求，已经被划分为边际成本、差量成本、机会成本等。不仅如此，成本管理还需要建立切实可行的计划成本、目标成本、标准成本等成本计量规范，同时要求成本计量能够获得国内外各相关企业的成本资料对比表。由此可以看出,管理成本多元化的发展趋势推动着管理会计朝着更广阔的外延大踏步前进。

(二)作业成本法将成为主流

作业成本法已经初步形成理论,但并没有一个明确的体系,在市场中也仅仅是被少数制造业所使用。实际上,作业成本法在非制造业的应用前景也非常广阔,如卫生医疗、金融、商业等。在现代经济发展趋势下,我国有很多企业都是采取小批次、多种类的方式生产,以这些企业为核心,不断地提高企业的自动化水平及管理会计人员的综合素质,使管理会计市场不断成熟,最终形成一个统一的管理会计算法,这不仅能够为全国各大企业提供一个相对可靠的成本信息,还能够促进我国经济的发展。

(三)加大战略管理和风控力度

我国企业的竞争环境正在悄悄地转变,无论从经营模式、全球化战略,还是在技术上,都面临着许多机遇和挑战。因此,在面对严峻的跨行业和全球竞争压力下,企业的战略选择非常重要。为了能够让企业在日新月异的变化中平稳发展,管理会计就要在战略选择上赋予更多的精力,不仅要成为企业战略信息的供给者,还要为企业制定出良好的决策,帮助企业应对挑战,使企业面临的风险降到最低,并且使企业获得最大的收益。

(四)通过协会管理

美国成立了专门的管理会计师协会,已经形成了一个相对稳定的体系。美国注册管理会计师(Certified Management Accountant,CMA)是全球管理会计组织——美国管理会计师协会（IMA）推出的管理会计领域的全球高端财会认证，是全球管理会计及财务管理领域的认证之一。CMA 认证的目的是培育管理会计人员和财务管理人员的知识广度，使其能预测商业的需求及参与策略决策制定，而其考试的内容所包含的知识范围能反映管理会计人员和财务管理人员在现今商业环境中所需要的能力。

与发达国家成熟的管理会计体系相比，我国的管理会计体系相对不稳定，体制中还存在很多有待完善之处。

第二节　管理会计职能及其作用

《史记·夏本纪》中记载："禹会诸侯江南，计功而崩，因葬焉，命曰会稽，会稽者，会计也。"大意约为："禹在江南召集诸侯，进行功绩考核的时候去世了，于是就葬在当地，把此地命名为'会稽山'。'会稽'，也就是'会计'。"由古至今，会计的职能是"会合考核"，是计量，是稽核，是评价。子曰："会计，当而已矣。"孔子所述哲理，同样影响深远。这里的"当"，也侧重于强调会计的"应当"和"恰当"。无论是"财务"，还是"会计"，从根源上都是以数字为基础的，反映数字背后的逻辑和本质，而并非仅仅是对数据的记录。因此，财务与会计的核心思想是管理的思想。今天，管理会计是会计的重要分支，主要服务于单位（包括企业和事业单位）内部管理需要，是通过利用相关信息，有机融合财务与业务活动，在单位规划、决策、控制和评价等方面发挥重要作用的管理活动。

一、管理会计职能

管理会计的职能主要有两方面，分别是预测职能与控制职能。预测职能指的是管理会计从业人员依据企业历史财务数据及现有的市场资料，结合相关定量模型或是定性的分析方法，对企业未来一定时间内的财务发展状况进行预测。目前，管理会计的预测职能主要用于预测企业项目的资金需求、销售情况和成本利润等方面。管理会计预测职能的发挥可以助力企业对未来的经营情况和企业收益情况有一定程度的掌握，从而为企业做出营销或是拓展业务方面的战略提供有力的参考和借鉴。管理会计的另一项职能是控制职能，该职能指的是企业相关部门的工作人员需要明确自身的工作职责，合理实施企业的经营，在数据监测与数据同步更新方面做好充分工作，根据企业的实际情况调整包括财力、物力、人力等在内的企业资源，使企业的经营活动沿着既定的轨道进行，避免企业出现经营方面的失误，减少企业的经济损失。

二、管理会计对企业的作用

（一）有利于提高企业经济效益

在企业日常生产经营活动中，管理会计的各项职能贯穿于企业生产的每一个环节，保证企业的所有资源得到有效利用。管理会计人员充分利用自身的专业技能和职业道德素养，帮助企业完善会计规章制度，控制和监督企业的各个会计环节，并根据企业的实际情况，制定有效针对财务问题的科学解决策略，优化企业资源配置，从而使企业经济效益达到最大化。管理会计要帮助企业完善自身的价值创造体系，使企业从低端产出向更高端的生产链发展。此外，利用管理会计的预测职能，充分把握市场环境，帮助企业对需要淘汰的过剩产能或需要增加的新产品、新项目投资进行有效决策，从而真正将管理会计应用于企业价值创造中。

（二）深化管理会计对企业的内部控制功能

管理会计对于企业的控制功能最初仅仅体现在核算企业的成本方面，随着市场经济改革的不断深入，管理会计的控制功能除了常规会计部门所涉及的领域之外，还体现在更多方面，例如对企业的供应源头与生产过程进行优化、在企业内部做好人员安排与任务分配、合理评估企业内部各部门的工作绩效等。管理会计的控制职能应抛弃以往单一成本控制的片面做法，需要从成本和收益两大方向进行企业内部控制，使企业在严格控制生产经营成本的同时，根据企业自身需要，创新管理会计的控制行为。管理会计具有较强的规划职能，可以完善绩效评价体系，提高企业信息处理水平，优化企业资源管理流程和内部控制制度，并在此基础上合理预测企业发展趋势。企业为了最大程度地提升自身价值，将会十分重视管理会计做出的各项预测和决策。

（三）有助于完善企业激励机制

在企业运营绩效考核中，企业管理者不仅要灵活运用管理会计，还应运用管理会计最大程度履行其在企业中的监督和执行职能，调动其在企业未来发展中的积极作用，合理分析各项绩效报告，进一步完善企业激励机制。管理会计通过利用自身各项职能，不仅要加强对企业内部员工的监督，还不能忽视激励措施的作用，将薪酬与企业员工绩效挂钩，制定各项绩效考核标准，并完善企业目标管理机制。企业需加大内部控制力度，根据实际发展情况充分调动企业内部员工的积极性和主动性，并有效调整自身发展策略，不断培养人才资源，提升企业核心竞争力。

（四）优化企业管理与财务组织结构

优化企业管理要依托优化组织结构来实现，管理会计信息系统融合于企业业务运作，企业要改变传统的组织结构，构建现代化扁平组织结构，实现企业信息流之间快速传递和分享。扁平化企业管理能有效地实现企业会计部、成本管理部、科研部、人力资源部、企业运营部等组织部门之间快速的信息流动，保障企业信息通畅，因此扁平化管理是优化企业管理的有力抓手，这种扁平化组织结构能有效促进企业信息化的发展，降低企业经营成本，提升企业信息管理的效率，扩大企业管理组织的广度。同时，管理会计信息系统融合于企业业务运作，离不开一个独立的企业财会组织结构。优化财务组织结构，确保财务组织在企业管理中的相对独立性与权威性。财务组织中各个成员分工合理，如企业的财务管理处处长，负责企业整个管理会计信息系统的业务规划；财务管理处副处长，负责会计管理目标设计，以及财务分析的监督与财务管理因素的收集；财务专员，负责企业会计信息与企业业务融合的操作与融合偏差分析。通过优化企业管理与财务组织结构，构建企业管理信息化。

（五）构建企业管理信息系统

企业信息化的构建应立足于企业的总体规划，逐步开展，层层递进。企业信息化的构建离不开大量的数据信息，特别是大量的会计类数据信息，这可以给企业做出重大决策，执行重大决定提供重要的参考依据。因此，企业信息化应以管理会计为中心，把握企业会计信息的整体性，同时兼顾企业其他部门信息，不能只从单方面思考、提取，要注重细节化管理，这样获得的会计信息更加具有科学性与合理性。构建企业信息系统不仅要从企业的角度着眼，以管理会计为中心，还要从软件开发者的角度进行研究。以企业会计信息子系统为核心，协调设备管理子系统、人力资源管理子系统、生产销售管理子系统、库存管理子系统、质量管理子系统相互融合，促进企业信息系统科学化、持续化发展。

在网络信息时代，企业外部环境日益复杂，企业间的竞争变得更加激烈，传统的管理会计模式已经很难适应时代的发展需求，构建管理会计信息系统融合与企业业务运作是信息化企业未来发展的趋势。管理会计信息系统的构建，对于企业信息准确性与多样性都有严格的要求，信息来源是否真实，数据是否准确，这直接影响着管理会计信息系统输出数据的准确性。这些财务职能部门处理的信息是经过企业多重筛选的，要确保数据的真实准确，并且覆盖面广。以财务职能为抓手，可以直接使用这些有效的数据构建管理会计信息系统，提升了企业信息系统的高效性。企业依托管理会计信息化系统与企业各种业务运作的深度融合，能有效地改变传统的企业业务运作模式，提升企业的生产效率，实现企业战略管理。同时，建立管理会计信息系统融合于企业业务运作，构建企业业务运作数据仓库，并贯穿于企业的整个业务活动与生产流程中，能使得企业的业绩得到优化，最终实现效益的最优。

第三节　管理会计与绩效评价

绩效管理的对象就是组织绩效，进一步可以分解为部门绩效和个人绩效，也就是业务的绩效。业务做得好不好，最重要的责任人是直接实施者，也就是各级管理者。管理会计是利用财务信息深度参与到企业管理决策、制订计划与绩效管理系统、提供财务报告与控制方面的专业知识，以及帮助管理者制定并实施组织战略的职业。管理会计的目标是对管理者起支持作用，因此能成为企业的战略、业务、财务一体化最有效的工具。

一、企业管理绩效评价概述

现代企业管理的过程中普遍开始采用绩效评价的方式，不同就是评价体系表现出了某种程度的差异性，但无论采用哪种评价体系，员工绩效在企业的绩效评价系统中都是主要指标。在实际操作过程中，通过一定的评价程序，采用恰当的评价方法，对员工进行考核，主要是业绩层面和能力层面的，建议采用定期与非定期相结合的方式，根据考核结果给予员工对等的酬劳。

二、管理会计中应用绩效评价的必要性

（一）提升管理会计应用效果的需要

在一些发达国家，管理会计的应用非常广泛，而我国管理会计的应用起步较晚，现阶段处于发展时期。企业应通过一定的激励政策，使管理会计能

够在绩效评价中发挥作用，从而提高管理会计人员的工作积极性，同时能够在一定程度上提升业务人员的业务能力，使管理会计的应用效果得到增强，提高企业对于管理会计的了解程度。

（二）提升企业决策的正确性

竞争是这个时代最为显著的标志，也正是因为如此，市场环境总是表现出一些不确定性。任何企业，无论规模大小，要想获得更好的发展，先进的理念至关重要，还要善于捕捉机会，及时调整决策，赢得更好的发展机会。管理会计具有较强的规划职能，可以完善绩效评价体系，提高企业的信息处理水平，优化企业资源管理流程和内部控制制度，并在此基础上合理预测企业发展趋势。企业为了最大程度地提升自身价值，十分重视管理会计做出的各项预测和决策。现阶段，企业面对日益激烈的市场竞争，就一定会想尽办法准确预测相关生产成本，减少浪费，实时掌握企业的资金流向，强化预算管理意识，严格执行相关会计规章制度，把管理会计的规划职能充分发挥出来。

三、管理会计中绩效目标设置要求

（一）有效的组织目标分解

在管理会计中，要进行有效的组织目标分解。横向的绩效目标分解，要求把一项整体目标具体地分解到各相关部门，也就是完成了组织目标在各业务部门和团队之间的横向分解；纵向绩效目标分解，是将部门目标进一步纵向分解到部门内的每一个团队或员工身上。最终的原则是，每个团队或员工的业务指标相加，应该等于部门的总绩效指标。

（二）多元化的绩效目标设置

在具体的目标类别方面，按照平衡积分卡的原则，需要包括财务指标、流程指标、客户指标、组织指标等绩效目标。财务指标直接衡量组织的绩效结果，如销售额、利润率、投资回报率等。但是财务指标大多滞后，如果在经营期间已经出现问题，等到期末的财务指标才反映出来的话，可能为时已晚、已经影响企业的整体业绩。而流程指标则可以视作实时指标，可以随时反映企业在经营过程中出现的问题，便于企业及时发现、及时诊断、及时解决。常见的流程性指标包括产品周转率、应收账款周转率等。客户指标主要包括了客户满意度、售后服务满意度、产品满意度等。组织指标包括组织健康度、员工敬业度等。

（三）绩效目标的追踪

绩效目标的追踪体系可分为两个层面。第一个层面是组织层面，即组织的绩效目标不是年初设定之后就一成不变的，而是需要根据组织对内和对外的密切关注及变化情况，进行滚动预测，随时准备予以调整。对内主要是关注自身的经营发展，对外主要是关注所在行业或市场的整体发展态势。第二个层面是员工层面，即绩效目标落实到个人之后，组织绩效管理工作并不能止步于此。目标制定得很翔实，但如果缺乏有效的监控和追踪体系，也会让组织的绩效目标变成一纸空文。

第四节　大数据下的管理会计

近年来，科技的迅猛发展使得云计算、移动数据、人工智能、大数据等新兴科技技术伴随着社交网络走入人们的生活，给人们的生活带来了巨大的影响，而数据的增长和科技的进步最直接的体现就是大数据越来越受到关注。大数据时代的到来不断推动着企业管理会计的进步，企业在数据的归集、处理、提炼、使用上得到了巨大提升。大数据带来的数据使企业有了更多的信息来进行准确的决策，可增强企业的活力，有利于企业的持续发展。然而，机遇往往伴随着挑战，唯有迎接挑战并理性应对，才能化大数据为工具，才能推动管理会计不断发展。

一、大数据与管理会计概述

管理会计指的是会计人员运用一系列专门方法，对财务会计的资料及其他资料进行确认、加工、整理和报告，以便提高企业的效益，使企业各级管理人员根据它应对日常发生的各项经济活动，并做出正确决策的一个会计分支。

但随着科技的发展和社会的进步，人们仅仅重视会计基本功能的信息化的弊端凸显，由于数据的增加使得整理难度大大提升，时时在提醒我们也要对管理会计的信息化提高重视，这时就更加迫切需要科学有效的方法介入，从而让管理会计焕发生机。纵观历史经验，发现唯有让管理会计和大数据两者相结合，才能使管理会计走上新台阶。

大数据（big data），指无法在一定时间范围内用常规软件工具进行捕捉、管理和处理的数据集合，是需要新处理模式才能具有更强的决策力、洞察发现力和流程优化能力的海量、高增长率和多样化的信息资产。大数据的 5V 特点（IBM 提出）：Volume（大量）、Velocity（高速）、Variety（多样）、Value（低价值密度）、Veracity（真实性）。由于具备以上特点，有效地利用大数据对数据进行加工收集，必定能为企业创造更多的发展机会和商业价值。进入大数据时代，人类的生产生活都会产生数据、留下数据，而现在的科技技术，尤其是大数据技术，能将这些大量多变、杂乱无章的信息安全、快速、有效地储存起来，并且随时能共享、应用和计算，使得每个人每个组织都切切实实参与到数据的生产应用之中。

二、大数据下管理会计面临的机遇

（一）获得更全面的数据

传统的管理会计对数据的利用方式止步于对其结构化的分析上，随着科技的发展，结构化分析变得十分有限，俨然无法满足企业日常经营管理的需要，而大数据的出现为企业获取更加全面的数据储备提供了重要的渠道和资源。在这样的时代，各线性价值链企业之间和各价值网之间的竞争将会从普通竞争演化成为数据量的竞争，所以拥有一个完备的数据仓库，积极储备各种数据资源的搜集、确认、加工与利用工作，将所有搜集来的有关于结构化、半结构化数据和非结构化数据进行综合利用，才能使大数据更好地为管理会计提供服务，从而为企业经营管理提供全面的依据。

（二）提升企业的预测能力

管理会计作为一种工具既可以进行精细管理，又可以价值创造，是以企业经营过程中的经济活动为主要对象的，以创造价值、提高企业经济效益为主要目标。在企业的决策过程中，为管理者提供全面高效的管理信息，使之能够客观预测经济发展情景，切实规划企业目标，有效控制企业的经营活动。因此，管理会计作为现代会计的一个重要分支，在企业发展中起着重要作用。随着大数据的引入，管理会计势必会将迎来新的机遇。大数据提供了极其广泛的信息，而优秀的会计人员可以根据这些信息提前了解市场情况，预测未来企业收益，做出正确的会计决策，从而在市场竞争中掌握主动权，主要表现在以下几个方面。

1.预测

管理会计信息系统的预测功能，即通过总结和分析前一阶段企业的生产与经营状态，对未来一段时间内的发展趋势和方向进行预测，以促进企业获得持续、稳定的发展机会。

2.决策

通过企业对会计数据信息的分析和比对，在某几种行动或方案中选择最佳的一项，从而实现对企业的战略发展规划的宏观掌握，并根据战略发展目标的主题进行整合和预处理，最终实现战略决策科学性、有效性的极大提升，促进企业的长期发展。

3.控制

对企业的生产与运营全过程进行跟踪控制，及时了解和掌握最新的计划变动情况，并对出现的问题和不足进行分析与评价，并制定有针对性的问题解决策略，以促进企业生产与运营的有效提高。

4.评价

评价即企业对内部各组成部门及其工作人员的工作效率、业绩进行综合的评价与考核，并以此为根据，对生产与运营活动的各个部分及时进行调整与控制。

三、大数据下管理会计面临的挑战

（一）不能有效防止数据贬值

随着企业的发展和信息化速度的加快，市场、客户、交易等方面的数据量激增，为了适应市场发展的需要，建立企业自己的大数据库已经迫在眉睫。由于大数据涉及的范围很广，管理者得到的数据往往包含许多信息，管理者需要剔除掉其中不相关的数据和内容，来保证决策的效率和正确性。由于数据具有时效性，今天发布的报告可能明天就因为数据的更新而失去了用处，一些企业提升提炼有价值数据的速度不够，不能有效防止数据贬值，所以要求企业要拥有一个能大量储存且实行智能化管理的数据库，要求管理人员具有能迅速从数据库中筛选出有价值数据、剔除无关信息的能力，并且要求企业管理人员具有能挖掘、开发、研究大数据的能力，掌握先进的数据管理方法，能把它应用到企业生产经营中去，以提升企业的竞争力。

（二）保护信息和数据安全的意识和能力不够

为了保持企业的正常运转和安全运营，往往对管理会计做出的决策的正确性有着很高的要求，而影响正确率的是所收集数据的准确性和安全性。企业自身的数据和信息来源广泛，得到的信息和数据同样来源于方方面面，会计数据的准确性对企业有着极大的影响。因此，保证会计信息和数据的正确性是极其重要和必要的。当前，一些企业保护信息和数据安全的意识和能力还不够，如果数据被泄露，客户、员工和整个企业都会受到不同程度的影响，所以在大数据时代，企业也要提升自身应对数据泄露的能力。

（三）对数据和信息的处理难以跟上大数据时代的步伐

大数据时代，对会计人员的要求越来越高。传统的会计人员对数据和信息的处理难以跟上大数据时代的脚步，即获得的数据和信息需要专业人才运用会计相关知识对其进行整理、归纳和提炼。但目前具备这种能力的会计专业人才少之又少，极大地阻碍了会计的发展。所以，企业需加强会计人才的培养，加快大数据和会计接轨的速度。

四、大数据下管理会计面临的挑战应对的措施

（一）明确管理会计信息系统框架体系建设的目标

企业要抓住大数据时代快速发展这一机遇，对管理会计的发展采用加强和推进并进的方式，为提升企业管理的能力和水平奠定良好的基础。首先，政府部门应该采取积极的态度为管理会计能够充分利用大数据中的资源信息提供基础性设施与政策等支持。其次，相关科研单位需要对管理会计理论进行研究和总结，结合实际，将理论和实际融为一体，最终达成与我国经济状况相符的管理会计理论和实践基础。最后，对于企业而言，要善于把握机遇，提升企业管理会计在大数据时代的应用实践能力，为企业奠定良好的发展基础。与此同时，企业内高管必须树立起积极应用管理会计的意识，为企业赢得市场。

目标是激励组织行动和指引未来奋斗与前进方向的最重要因素之一，企

业在大力加强管理会计信息系统框架体系建设时，要立足于云计算环境的基本特点，要明确企业所希望取得的效果和达成的目标，将其作为一切工作的先导和基础，在减少工作失误的同时，提高企业整体的工作效率和工作质量。可以按照以下三个步骤来进行：第一步，从现阶段企业开展管理会计信息系统框架体系建设的实际情况出发，在战略发展规划的指导下开展内部清查与总结，及时发现问题和不足，并有针对性地制定改正和弥补策略，确定初步工作目标；第二步，企业要对各类自有资源进行宏观掌握与分析，从管理会计信息系统框架体系建设不同阶段的不同要求出发，实现对各类资源的优化、有机配置，以从根本上减少资源浪费，提高各种资源的使用效率；第三步，企业要建立健全管理会计信息系统框架体系建设目标实时更新机制，着眼于不断变化发展的经济社会现实，及时对建设工作的方向与目标进行调整，与时俱进。

（二）创新与发展从加强基础工作开始

管理会计要想发挥决策作用，需要大量的信息及数据积累，重视会计的基础工作，健全企业的各种信息资料，建立动态的、完整的基础信息，提供可靠的数字来源，严格按照企业会计制度的规定，财务会计记录日常业务，登记簿册，并定期编制相关财务报表，准确、客观地反映企业的经济活动和经营成果。数据的准确性、报告的客观性和及时性将对管理会计的工作产生深远的影响，因此要创新和发展管理会计，必须高度重视基础工作。

（三）管理会计的创新与发展离不开预算

管理会计最终要通过改变企业的资源配置来实现企业的管理工作，而资源配置离不开预算，使用预算来分配、评估和控制企业各部门的各种财务和非财务资源。为了有效组织和协调企业的生产经营活动，完成既定业务目标的管理活动，管理会计会从企业整体角度出发制定预算，在企业管理层与中下层因预算目标不一致而产生利益冲突时进行调和。预算制定得更加合理，有利于预算的完成，减少企业上层要求企业发展强推预算和下层保留预算的矛盾。管理会计在制定预算时要理清预算、规划与企业战略之间各个方面的关系，要在企业经营规划指导下完成，促使企业健康可持续发展。要有效地实行综合预算，使企业在一定时期内对生产计划、利润收入和成本支出等活动有综合预测和计划，包括财务预算、业务预算和特殊预算，以及确定这些预算是否合理的评估指标和预算指标。

（四）拓展更大的应用空间

时代赋予管理会计广阔的应用和发展空间，居安思危，管理会计应通过自身的创新与发展创造更广阔的应用空间，通过积极关注企业外部环境的变动，利用竞争者信息、财务信息来构建完善的战略管理会计系统，开展战略规划工作，使企业管理和业务更加灵活。管理会计可以扩展到组织战略、产业链整合和组织间协作、流程导向和价值管理、网络和信息集成等多个空间，打破传统会计管理的约束，以优化管理流程和业务为目标，不懈地进行创新活动。

（五）强化管理会计的信息化发展

随着网络信息化在会计上的应用，管理会计的创新与发展必然也离不开网络信息化，适应了信息化的发展才能适应会计转型升级背景下的企业对管理会计的要求。在以信息化为平台的基础上，管理会计应结合多种工具设计符合企业运行的管理模块程序。在模块程序建立后，还要经常进行调试，以符合决策者的判断和要求。这不仅可以提高管理会计的工作效率，还可以将管理者的想法和业务开展思路嵌入到管理会计信息化的管理中，使得管理会计在管理上的灵活性与准确性在信息化的空间中得以创新和发展。

  同时，在选用大数据进行计算和整理服务的机构和人才时，要注意筛选，加强监督，制定好保密协议，备份好数据，提前制定好处理方案。并且，隔离重要数据，保证客户和员工的信息安全。

第二章 管理会计的职能

第一节 战略管理

战略，是指从全局考虑做出的长远性的谋划。战略管理，是指对企业全局的、长远的发展方向、目标、任务和政策，以及资源配置做出决策和管理的过程。企业应用战略管理工具方法，一般是按照战略分析、战略制定、战略实施、战略评价和控制、战略调整等程序进行。

一、战略地图的提出

战略地图（Strategy Map）是由罗伯特·卡普兰（Robert S. Kaplan）和戴维·诺顿（David P. Norton）在平衡计分卡研究的基础上得来，是指为描述企业各维度战略目标之间因果关系而绘制的可视化的战略因果关系图。两位管理大师发现，平衡计分卡只建立了一个战略框架，而缺乏对战略进行具体而系统、全面的描述。企业由于无法全面地描述战略，管理者之间、管理者与员工之间无法沟通，对战略无法达成共识。

战略地图与平衡计分卡相比，增加的内容有：一是颗粒层，每一个层面下都可以分解为很多要素；二是增加了动态的层面，也就是说战略地图是动态的，可以结合战略规划过程来绘制。战略地图的核心内容包括：企业通过运用人力资本、信息资本和组织资本等无形资产（学习与成长），才能创新和建立战略优势和效率（内部流程），进而使企业把特定价值带给市场（客户），从而实现股东价值（财务）。

二、战略地图的设计

战略地图通常以财务、客户、内部业务流程、学习与成长等四个维度为主要内容，通过分析各维度的相互关系，绘制战略因果关系图。设计战略地图，一般按照设定战略目标、确定业务改善路径、定位客户价值、确定内部业务流程优化主题、确定学习与成长主题、进行资源配置、绘制战略地图等程序进行，为关键业绩指标（Key Performance Indicator，KPI）提供有力支撑。

在财务维度，战略主题一般可划分为两个层次：第一层次一般包括生产率提升和营业收入增长等，第二层次一般包括创造成本优势、提高资产利用率、增加客户机会和提高客户价值等。

在客户维度，对现有客户进行分析，从产品（服务）质量、技术领先、售后服务和稳定标准等方面确定、调整客户价值定位。在客户价值定位维度，企业一般可设置客户体验、双赢营销关系、品牌形象提升等战略主题。

在业务流程维度，企业应根据业务提升路径和服务定位，梳理业务流程及其关键增值（提升服务形象）活动，分析行业关键成功要素和内部营运矩阵，从内部业务流程的管理流程、创新流程、客户管理流程、遵循法规流程等角度确定战略主题，并将业务战略主题进行分类归纳，制定战略方案。

在学习与成长维度，根据业务提升路径和服务定位，分析创新和人力资本等无形资源在价值创造中的作用，识别学习与成长维度的关键要素，并相应确立激励制度创新、信息系统创新和智力资本利用创新等战略主题。

三、战略地图的实施

战略地图实施，是指企业利用管理会计工具方法，确保企业实现既定战略目标的过程。战略地图实施一般按照战略 KPI 设计、战略 KPI 责任落实、战略执行、执行报告、持续改善、评价激励等程序进行。

（一）分解责任部门的 KPI

企业应从高层开始，将战略 KPI 分解到各责任部门，再分解到责任团队。每一责任部门、责任团队或责任人都有对应的 KPI，且每一个 KPI 都能找到对应的具体战略举措。企业可编制责任表，描述 KPI 中的权、责、利和战略举措的对应关系，以便实施战略管控和形成相应的报告。

（二）签订责任书

企业应在分解明确各责任部门 KPI 的基础上签订责任书，以督促各执行部门落实责任。责任书一般由企业领导班子（或董事会）与执行层的各部门签订。责任书应明确规定一定时期内（一般为一个年度）要实现的 KPI 任务、相应的战略举措及相应的奖惩机制。以责任书中所签任务为基础，按责任部门的具体人员和团队情况，对任务和 KPI 进一步分解，并制定相应的执行责任书，进行自我管控和自我评价。同时，以各部门责任书和职责分工为基础，确定不同执行过程的负责人及协调人，并按照设定的战略目标实现日期，确定不同的执行指引表，采取有效的战略举措，保障 KPI 实现。

（三）编制与分析战略执行报告

战略执行报告反映各责任部门的战略执行情况，企业应编制并分析战略执行报告，如有偏差，分析其原因，并提出具体的管控措施。企业应根据战略执行报告，分析责任人的战略执行情况与既定目标是否存在偏差，并对偏差进行原因分析，形成纠偏建议，作为对责任人绩效评价的重要依据。

四、战略地图的运用

（一）战略地图目标的制定

以某企业为例，利用战略地图的框架思路，绘制年度经营地图。年度经营地图是由年度经营目标及实现目标的策略构成，这里所说的目标，是指为了确保中长期战略在年度经营中的落地执行，需要做好哪些事情的定性描述，如提升盈利能力、提高客占比、降低制造成本等。A企业从财务、客户、内部流程、学习与成长四个维度明确战略地图的编制，具体分析如下。

1.财务层面目标

财务层面的核心目标分别是收入的增长和盈利能力的提升。企业制定了规模和盈利能力的平衡增长目标，营收增长不低于10%、净利润增长不低于15%，主要策略有四个，即改善成本结构、提高资产利用率、确定新收入的来源、提升客户价值。不同的经营环境、不同的发展阶段，会决定企业在财务层面目标的选择差异，如在行业规模快速发展的环境下，大部分企业侧重收入规模的增长，而在经济不景气的环境下，大部分企业追求稳健，侧重提升盈利能力，对收入的增长不那么重视，甚至牺牲收入规模的增长来控制经营风险，因此企业应注重追求规模增长和盈利改善的平衡式发展。

2.客户层面目标

客户层面的核心目标是对客户的价值的定位，即企业能为客户创造什么价值。客户价值主张主要从三个方面来阐述：（1）企业提供的产品、服务特征；（2）企业以怎样的品牌、形象出现在客户的面前；（3）企业和客户的关系，具体内容包括价格、质量、可用性、选择、功能性、合作伙伴、品牌等。

为提升品牌美誉度、提升客户对产品的购买与使用体验，主要策略为三个：一是强化品牌的定位，二是产品的质量，三是快速响应的售后服务。

3.内部流程层面目标

内部流程层面的核心目标是企业满足客户价值主张。在内部流程中，需要改善的内容为运营管理流程、客户管理流程、创新流程、法规与社会流程。

企业制定的经营目标包括：打通渠道端到端，提升销售能力；产品开发要快要准，打造销售爆品；供应保障增效降本。具体的目标及相应的策略是与客户层面目标和财务层面目标形成支撑关系的，例如，若能够准确地洞察消费者的需求，是可以支撑提升产品设计水平的。每个经营目标又有相应的实现措施，如实现渠道打通端到端、提升销售能力目标的策略有强化终端销售能力、提升售后服务能力等；如收入的增长目标，其构成要素包括现有老客户的收入增长、新客户带来的收入增长、现有老产品的收入增长、新产品带来的收入增长等要素，企业对每个要素增长的可行性进行识别分析，选择最能协助收入增长目标实现的要素，制定相应的增长举措。同时，因自身发展阶段的不同，导致选择战略的差异，在内部运营层面的侧重上也会有很大差异，以产品领先为首要竞争战略时，企业注重创新管理，而以成本领先为首要竞争战略时，企业则注重运营管理。

4.学习与成长层面目标

学习与成长层面的核心目标是，为支撑内部运营、客户、财务层面目标的实现，企业在人力、组织、信息三个层面需要实现的目标。从人力资本、组织资本、信息资本等三个方面提出了目标及相应的策略，如在人才梯队建设方面，基于内部运营层面目标的需求，提出了引进一流的产品策划与开发人才、强化终端导购队伍培训的策略。确定完年度经营目标后，可以对年度经营目标进行分解，解码每个目标的要素，以此为依据制定每个年度经营目标的实现举措。

（二）制定战略分析地图

以某公立医院为例，编制适合本单位的战略地图。公立医院的使命是最大可能地维护和促进人民群众的身心健康，要完成这一使命，医院就应努力提升自身的经济效益和社会效益。经济效益是用来评价医院在一定时期内能否用有限的人、财、物等资源，提供尽可能多且高质量的医疗服务，主要通过医院的资产管理、收益状况、偿债能力三方面来体现。同时，公立医院是服务病患的窗口，从某种意义上来讲，是社会文明的反映，医院追求的社会效益就是要做好防病治病工作，提高人民群众的健康水平，降低人民群众的看病成本。

SWOT矩阵分析法是一种有效的战略规划工具，企业进行环境分析时，可应用态势分析法、波特五力分析和波士顿矩阵分析等，分析企业的发展机会和竞争力，以及各业务流程在价值创造中的优势和劣势，并对每一业务流程按照其优势强弱划分等级，为制定战略目标奠定基础。某医院的SWOT矩阵分析如表1所示。

表 1 某医院 SWOT 矩阵分析表

	优　势	劣　势
内部	1. 医院定位较为合理，诊疗特色突出，具有一定的市场份额 2. 政府支持力度大，发展前景好 3. 医疗价格较低，社会形象好 4. 省市医保及异地医保相继建立 5. 信息化建设初具规模 6. 医联体建设增加了转患者量 7. 拥有先进的专业设备	1. 战略目标不明确 2. 管理机制不健全 3. 现代化的管理理念缺乏，发展动力不足 4. 学科建设薄弱，重点学科较少，业务发展缓慢 5. 人才相对匮乏 6. 没有建立系统的考评机制
	机　会	威　胁
外部	1. 享受财政资金支持 2. 人们的就医意识逐步提高，刺激了医疗保健消费 3. 医疗保障体系不断健全，医保报销政策优惠力度加大 4. 医学学科技术提升，促进医疗成本降低	1. 同业间市场竞争激烈 2. 医改政策相继推出，医院发展前景不明朗 3. 公立医院改革试点医药分离，取消了药品加成、耗材加成，医院业务收入

医院根据使命与愿景，并结合自身具体情况的 SWOT 分析，制定提升医院诊疗水平并实现社会效益和经济效益最大化的战略目标。战略目标是指医院根据其所面临的外部环境和自身优势，基于自身利益和可持续发展目标，在有效协调与外界相互关系的基础上，对财务、客户、内部流程、学习成长等四个方面进行的自我选择和自我设计。战略地图可以直观地将医院制定的战略目标展示给医院全体职工，强调职工在战略目标实施过程中的重要性，使每一位职工都能清楚地了解到医院的发展战略，也更进一步了解自己所从事的工作对实现医院战略目标的作用。

1. 财务层面

公立医院是以提高人民群众健康水平为宗旨的社会公益性事业单位，不应以经济效益增加为目的，但从医院的长远发展来看，只有夯实医院的财务基础，不断开发新的经济增长点，开展医疗服务新项目，拓展医院服务领域，促使医院实现经济效益和社会效益最大化的战略目标。其反映在财务方面，就是在确保医疗质量的前提下，实现增加收入、减少支出和实现可持续发展这三个战略目标。

2. 客户层面

公立医院最主要的客户是来院就诊的患者，因此客户层面战略目标的设定应从患者的需求出发，以提高患者满意度和市场占有率作为医院的战略目标，通过对病种的详细分类，推出更有针对性的诊疗方案及护理方案，建立完善的农村医疗合作和医疗联合体县乡转诊机制，提高门诊业务量；扩大健康体检项目种类，以良好的体检质量和细心周到的检查服务吸引患者；完善远程网络诊疗业务水平，提高诊断与医疗水平、降低医疗开支、满足广大人民群众的保健需求；为救助更多的重病患者，扩大医院的市场占有率，提高医院的社会影响力。

3.内部流程层面

内部流程层面涉及医院内部管理的方方面面，是与提供诊疗服务密切相关的医院内部各项管理工作，医院将实现经济效益和社会效益最大化的战略目标细化到内部流程层面，就是以提高运营效率和临床诊疗效率、降低运营风险为战略目标，着力做好内部流程优化再造。

首先，要提高医院运营效率。着重从提高资产利用效率、简化内部工作流程、及时催要医保返还款等方面，提高运营效率。落实核心制度，创新质量管理工具，提高经常性医疗项目的标准化和同质化水平。

其次，提高诊疗效率，规范临床诊疗操作流程，建设具有优势特色的科室，引进先进的治疗设备。组建医疗专科团队，开展高精尖的治疗方案，提高治愈效率，缩短住院天数。

最后，降低运营风险。在进行大型设备、仪器、基建等项目投资前，应组织相关专家团队对投资项目进行可行性分析及论证，严禁对利用率低、收益差的项目进行投资，以提升医院投资的效益。

4.学习与成长层面

公立医院战略目标细化落实到学习与成长层面，应设立增强医院向心力、提高职工专业技术水平、建立健全的信息系统这三个战略目标。

首先，增强医院的向心力。医院应建立起具有自身特色并能够凝聚全院职工的医院文化，通过横幅、海报、宣传手册等丰富多彩的形式加以宣传。从改善职工工资待遇、工作环境和提供更好的职业发展前景等方面发力，提升全院职工的满意度。

其次，提高医院职工的专业技术水平。建立一支专业型、研究型、综合型的医疗技术人才队伍，形成多层次各领域的人才培训体系，制定技术人员培训制度，不断提高职工的医疗技术水平，使职工不断更新知识，拓展技能，改进工作动机、态度和行为，使其适应新的要求，更好地胜任现在的工作或担负更高级别的职务。增加职工的专业培训数量和质量，大力推动职工研发医疗新技术、新科研项目，着力开展具有成熟科研平台且前景良好的科研项目，积极引进国内外高技术人才。

最后，建立健全信息系统。医院应进一步提升医院 HIS 信息系统、电子病历 EMR 系统、医院资源计划 HRP 系统的功能，将上下层软件数据对接，建立起医院一体化信息共享平台，实现事前事中事后全过程管控，推动体制机制创新，提升医疗服务水平，从而实现医院的战略目标。

第二节　预算管理

预算管理，是指企业以战略目标为导向，通过对未来一定期间内的经营活动和相应的财务结果进行全面预测和筹划，科学、合理配置企业各项财务和非财务资源，并对执行过程进行监督和分析，对执行结果进行评价和反馈，指导经营活动的改善。企业进行预算管理，遵循的原则包括战略导向原则、过程控制原则、融合性原则、平衡管理原则、权变性原则，应用预算管理工具方法，一般按照预算编制、预算控制、预算调整、预算考核等程序进行。

一、预算编制

企业管理层通过战略规划，制定企业的愿景和目标，定义自身的市场定位，评估自身优势、劣势挑战，以及机遇，最后制定一系列战略举措来维护企业在市场中的竞争优势。企业结合企业的战略规划，制定全面的预算，以确保企业短期业绩目标与企业长期战略发展的协同性，自上而下地执行企业的战略规划，让全体员工都可以理解与认同驱动因素。

预算目标的设定，是指每个部门或者业务单位把企业的愿景、任务、目标和关键战略转化为具体的、可衡量的、有时限的关键绩效指标的过程，用专门的行动计划来实现上述目标。

按照分级编制、逐级汇总的方式，采用自上而下、自下而上、上下结合或多维度相协调的流程编制预算。自上而下，是指高管层把3~5年企业的关键绩效指标传达给业务部门。自下而上，是指业务部门定义和设定自己的关键绩效指标和目标，并与企业关键绩效指标和目标保持一致。预算编制完成后，应按照相关法律法规及企业章程的规定报经企业预算管理决策机构审议批准，以正式文件形式下达。预算审批包括预算内审批、超预算审批、预算外审批等。预算内审批事项，应简化流程，提高效率；超预算审批事项，应执行额外的审批流程；预算外审批事项，应严格控制，防范风险。

二、预算执行

预算执行一般按照预算控制、预算调整等程序进行。预算控制，是指企业以预算为标准，通过预算分解、过程监督、差异分析等，促使企业的日常经营不偏离预算标准的管理活动。应建立预算授权控制制度，强化预算责任，严格预算控制。

建立预算执行的监督、分析制度，提高预算管理对业务的控制能力。将预算目标层层分解至各预算责任中心，预算分解应按各责任中心权、责、利相匹配的原则进行，既公平合理，又有利于企业实现预算目标。通过信息系统展示、会议、报告、调研等多种途径及形式，及时监督、分析预算执行情况，分析预算执行差异的原因，提出对策和建议。年度预算经批准后，原则上不作调整。企业应在制度中严格明确预算调整的条件、主体、权限和程序等事宜，若预算编制的基本假设发生重大变化时，可进行预算调整。

三、预算考核

预算考核主要针对定量指标进行考核，是企业绩效考核的重要组成部分。按照公开、公平、公正的原则实施预算考核，建立健全预算考核制度，并将预算考核结果纳入绩效考核体系，切实做到有奖有惩、奖惩分明。预算考核主体和考核对象的界定应坚持上级考核下级、逐级考核、预算执行与预算考核职务相分离的原则。

对预算进行评价与分析是企业管理的有效工具，贯穿整个计划预算的执行过程，保证了业绩进展被有效监控，预防和控制问题的发生，促进持续改进和提高。整合风险管理与财务数据的绩效衡量体系，包括了盈利经营效率、资本充足率、风险价值创造等多个关键绩效指标，从多个维度，如业务部门、产品、客户等衡量、分析和报告，对企业绩效和盈利水平评定，确保战略和各机构部门采取的战术行动都能够创造价值。确定绩效结果第一责任人的职责和衡量标准，确保其个人对其行为负责，对最终结果负责。进行预算执行情况与预算目标的比较，确定差异并查明产生差异的原因，据以评价各责任中心的工作业绩，将绩效结果与责任人的职责相衡量，确保其个人对其行为负责，把考核目标和员工绩效的评定系统相联系，通过与相应的激励制度挂钩，促进其与预算目标相一致。

四、预算实施

（一）有效发挥全面预算管理的作用

随着竞争的加剧，企业的业态经营受到严峻的挑战。随着企业管理的需要，企业自上而下建立起了一整套包括经营、财务、资本、资金预算的预算编制、控制及考核体系。但由于股份企业依托自身优势所延续享有的比较优势，未能有效发挥全面预算管理对企业整体管理效率、效益提升的功能，具体表现在以下几个方面。

第一，战略定位不清晰，分解不到位，导致与预算目标的确定相脱节。一方面，以往企业所实施的全面预算管理忽视企业的战略目标，全面预算的编制及最后目标的确定与实施只注重短期效益，忽视了与企业战略目标的有效衔接。另一方面，企业面对瞬息万变的外部环境，不能及时做出分析预测，从而对企业战略做出调整。

第二，缺乏对全面预算管理的正确认识，使得全面预算成为企业上下层每年一次讨价还价的工具，而未能发挥促进企业管理效率提升的作用。企业以往的全面预算更多地体现为各项预算表格的编制和与上级企业就具体指标的讨价还价过程中，而忽视了全面预算管理对于企业实际经营活动的指导、促进和监督作用，弱化了全面预算管理对企业整体管理的提升作用。

第三，权责不清，目标分解层次不清。企业组织架构存在不清晰的因素，对于重要责任主体的权利和责任划分不够清晰，使得部分预算目标难以落实。

第四，重财务，轻业务，未有效形成从业务到财务、从横向到纵向的涵盖所有企业关键控制点的全面预算管理体系。企业全面预算未形成科学、清晰的体系架构，预算编制及控制分析工作更多地集中于企业财务部门，相关责任部门未能对全面预算的重要性有清晰的认识。

第五，整体预算指标选取与设定缺乏与企业绩效评价体系的有效联系。由于企业的全面预算编制工作大多集中于财务部门，未能与企业相关部门进行有效沟通，从而形成以预算目标为指标的企业绩效考核体系。信息化手段利用不足，表现在企业的全面预算管理未能有效利用企业信息化系统，实现信息化控制，管理控制效率较低。

针对上述现状，企业为实现先进理论指导下的新型全面预算管理，应以企业战略为导向，做好如下工作，激发业务环节价值的增值能力，逐步带动企业管理效率和效益的提升。

第一，预算系统的基础搭建。结合企业现状，考虑未来发展需要，重新梳理与企业全面预算管理相关的制度、办法及相关流程。在预算制度方面，企业重新完善修订了全面预算管理制度，明确了企业全面预算管理原则、编制管理方法、全面预算职能体系架构，明确了各责任中心及在全面预算管理全过程中所享有的权利和应承担的职责，明确了全面预算管理过程各阶段的重点工作职责，并在此基础上编制了年度全面预算管理方案，明确了年度内预算管理的具体原则、方法、责任和目标。在预算管理流程方面，企业重新梳理、补充细化了原预算管理流程，明确了预算控制、执行流程、调整及追加流程、预算外控制和执行流程等。对于具体的预算执行机构，强化企业风险与运营管理部、资产管理部在企业全面预算管理工作中的职能和作用，明确由风险与运营管理部负责组织开展企业销售、采购等业务部门经营预算的组织编制、汇总、分解、执行控制工作；由资产管理部负责企业整体预算方案制定、预算指导说明书编制、组织企业职能部门预算编制、汇总上报预算结果，以及企业总体的预算执行控制及数据分析工作。在此基础上，企业通过对大量的财务和经营历史数据的收集、加工、整理、分析，形成了可用于数据分析、预算指标制定的完整的数据库信息，逐步实现了"三个统一"，即涵盖企业全部关键作业与预算科目的统一、预算统计科目与财务核算科目的对照统一、经营口径数据与财务口径数据的统一。

第二，明确责任主体，进行目标分解。企业各部门参与企业战略规划讨论制定、战略目标制定与明确，以及战略目标的分解，并通过各种形式做好企业战略宣传教育工作。在预算编制阶段，各相关部门根据企业的战略规划制定明确的年度具体行动方案，并在编制过程中将行动方案细化、量化，最终形成各预算责任主体的年度预算目标。明确各责任中心，明确预算管理工作重点及相关职责；将各业务部门设定为模拟利润中心，对利润和现金流负责，将其余部室设为成本中心，对成本、费用负责。

对成本及相关费用等的核算公式如下所示。

（1）外部融资额=（资产销售百分比-负债销售百分比）×新增销售额－销售净利率×计划销售额×（1－股利支付率）

（2）销售增长率=新增额÷基期额 或=（计划额÷基期额）－1

（3）新增销售额=销售增长率×基期销售额

（4）外部融资销售增长比=资产销售百分比－负债销售百分比－销售净利率×[（1+增长率）÷增长率]×（1－股利支付率）

（5）可持续增长率=股东权益增长率=股东权益本期增加额÷期初股东权益=销售净利率×总资产周转率×收益留存率×期初权益期末总资产乘数 或=权益净利率×收益留存率÷（1－权益净利率×收益留存率）

第三，细化经营预算，完善预算体系的建设。经营预算是企业全面预算的编制基础，也是企业监督、控制的重点，所以企业把细化经营预算作为推进预算管理的切入点。在做好企业战略规划分解、确定年度目标的基础上，要保证切实做好年度经营预算。在保证经营预算合理预计编制的基础上，编制企业财务预算、资金预算及整体预算，从而保证了全面预算的严肃性、科学性和完整性。

第四，引入信息化手段，强化全面预算功能。企业强大的 ERP 管理系统，自主开发"销售监控系统"，实现对每一区域、每个客户、每位业务员的每笔业务的客户、品种销售、毛利、回款等情况的实时跟踪与反馈；自主开发"采购监控系统"，实现对每一个供应商、每个品种、每位业务员的采购、付款、库存情况的实时跟踪与反馈。在财务报表分析、指标分析的基础上，企业搜取大量数据做了诸如客户、品种优化选择的专题分析，企业最优库存量与采购批次专题分析，采购批量合理选择的专题分析，企业现金流与营运周期关系专题分析，客户价值分析等。通过这些专题分析，一方面揭示企业日常经营管理中存在的问题，另一方面引导企业及广大员工提升科学管理意识，建立科学的经营管理思想。根据各责任主体层级、功能的差异，实现预算指标分级管理，即将预算目标分解到企业、部门、个人级。预算指标在企业不同层面分级，明确各层面权责，便于预算管理过程中责任的落实和指标的分解，进而优化企业全面预算管理水平，提高企业整体的管理效率。

（二）预决算管理执行指标

某公立医院预决算管理内容包括预算执行分析、财政保障水平分析、医疗费用控制分析、经济效益分析、偿债能力分析、营运能力分析、成本管理能力分析、收支结构分析、发展能力分析、工作效率分析、会计核算分析、内部控制分析和绩效考核分析等。通过多种纬度经济指标的分析结果，能够较为明显地反映出医院的现状，同时也能发现医院在营运过程中存在的问题，需要进一步整改与完善，所运用的管理指标如下。

1.预算执行反映医院当期收支预算执行的进度

预算执行主要包括总收入预算执行率、医疗收入预算执行率、总支出预算执行率、财政基本支出预算执行率和三公经费预算执行率等，还应对财政补助的重点项目支出单独说明预算执行情况。

（1）总收入预算执行率=总收入完成额÷预算总收入额×100%

（2）医疗收入预算执行率=医疗收入完成额÷预算总收入额×100%

（3）总支出预算执行率=总支出完成额÷预算总支出额×100%

2.医疗费用控制反映医院当期开展医疗服务收费及费用控制的情况

医疗费用控制主要包括药品收入占医疗收入比例、每门急诊人次收费水平、出院患者平均医药费、平均每床日收费水平等指标情况。

3.运行效率反映医院运行中各种投入与产出的情况

运行效率主要包括药占比、百元医疗收入占人员费用比例、百元医疗收入占用卫生材料比例、净资产结余率、医疗设备收益率、年度在职职工人均业务收入、患者欠费占医疗收入比例等指标情况。

（1）药品收入占医疗收入比例=药品收入额÷医疗收入额×100%

（2）百元医疗收入占人员费用比例=人员经费÷医疗收入额×100%

（3）百元医疗收入占用卫生材料比例=卫生材料费÷医疗收入额×100%

（4）净资产结余率=业务收支结余÷平均净资产×100%

（5）医疗设备收益率=医疗收支结余÷医疗设备平均余额×100%

4.偿债能力反映医院当期使用资产偿还长期债务与短期债务的能力

偿债能力主要包括资产负债率、流动比率、现金比率。

（1）资产负债率=负债总额÷资产总额×100%

（2）流动比率=流动资产÷流动负债×100%

（3）现金比率=货币资金÷流动负债×100%

5.资产运营能力反映医院当期期末资产规模、结构、收益及质量情况

资产运营能力主要包括资产周转率、流动资产周转率、存货周转率、固定资产周转率、应收医疗款周转率、百元固定资产的医疗收入水平、不良资产余额及占比。

（1）资产周转率=（医疗收入+其他收入）÷平均总资产×100%

（2）流动资产周转率=（医疗收入+其他收入）÷平均流动资产×100%

（3）存货周转率=医疗平均业务成本÷平均存货余额×100%

（4）固定资产周转率=（医疗收入+其他收入）÷平均固定资产余额×100%

（5）应收医疗款周转率=医疗收入÷应收医疗平均余额×100%

6.成本管理能力反映医院每门诊收入和住院收入耗费的成本水平

成本管理能力主要包括每门诊人次收入、每门诊人次成本及门诊收入成本率、每住院人次收入、每住院人次成本及住院收入成本率、医疗收入成本率等指标情况。

（1）每门诊人次收入=每门诊人次成本÷每门诊人次收入×100%

（2）住院收入成本率=每住院人次成本÷每住院人次收入×100%

（3）医疗收入成本率=医疗业务成本÷医疗收入×100%

7.收支结构反映医院收入支出结构的合理性

收支结构主要包括人员经费支出比例、公用经费支出比例、在职职工人均工资收入水平、管理费用率、药品支出率、卫生材料支出率等指标情况。

（1）人员经费支出比率=人员经费÷（医疗业务成本+管理费用+其他支出）×100%

（2）公用经费支出比率=公用经费÷（医疗业务成本+管理费用+其他支出）×100%

（3）在职职工人均工资收入水平=工资性支出÷平均在职职工人数

（4）药品支出率=药品费÷（医疗业务成本+管理费用+其他支出）×100%

（5）卫生材料支出率=卫生材料费用÷（医疗业务成本+管理费用+其他支出）×100%

8.发展能力反映医院通过经济活动不断扩大积累形成的发展潜能的情况

发展能力主要包括总资产增长率、净资产增长率、固定资产增长率、固定资产净值率、医疗收入增长率、收支结余增长率等。

（1）总资产增长率=（期末总资产－期初总资产）÷期初总资产×100%

（2）净资产增长率=（期末净资产－期初净资产）÷期初净资产×100%

（3）固定资产增长率=（期末固定资产－期初固定资产）÷期初固定资产×100%

（4）固定资产净值率=固定资产净值÷固定资产原值×100%

（5）医疗收入增长率=本年医疗收入净增加额÷上年医疗收入×100%

（6）收支结余增长率=（本年收支结余－上年收支结余）÷上年收支结余×100%

9.内部控制反映医院的单位层面和业务层面内部控制建设及实施情况

内部控制主要包括单位层面内部控制情况（组织领导情况、机制建设情况、制度完善情况、关键岗位人员管理情况、财务信息编报情况）和业务层面内部控制情况（预算管理情况、收支管理情况、政府采购管理情况、资产管理情况、建设项目管理情况、合同管理情况），分析是否实施了不相容岗位相互分离、内部授权审批控制、归口管理、预算控制、财产保护控制、会计控制、单据控制和信息内部公开等控制方法的情况。

第三节 绩效管理

绩效管理，是指企业与所属单位（部门）、员工之间就绩效目标及如何实现绩效目标达成共识，并帮助和激励员工取得优异绩效，从而实现企业目标的管理过程。绩效管理的核心是绩效评价和激励管理。企业进行绩效管理，一般应遵循以下原则：战略导向原则、客观公正原则、规范统一原则、科学有效原则等。

一、绩效管理的工具

绩效管理领域应用的管理会计工具方法，包括关键绩效指标法、经济增加值法、平衡计分卡、股权激励等。可单独或综合运用关键绩效指标法、经济增加值法、平衡计分卡等构建指标体系，反映企业战略目标实现的关键成功因素，具体指标应含义明确、可度量。指标权重的确定，可选择运用主观赋权法和客观赋权法，也可综合运用这两种方法。主观赋权法是利用专家或个人的知识与经验来确定指标权重的方法，如德尔菲法、层次分析法等。绩效目标值的确定，可参考内部标准与外部标准，内部标准有预算标准、历史标准、经验标准等，外部标准有行业标准、竞争对手标准、标杆标准等。

二、绩效管理的流程

企业根据战略目标，综合考虑绩效评价期间宏观经济政策、外部市场环境、内部管理需要等因素，结合业务计划与预算，按照上下结合、分级编制、逐级分解的程序，在沟通反馈的基础上，编制各层级的绩效计划与激励计划。

（一）制订绩效计划和激励计划

绩效计划是企业开展绩效评价工作的行动方案，包括构建指标体系、分配指标权重、确定绩效目标值、选择计分方法和评价周期、拟定绩效责任书等一系列管理活动。制订绩效计划通常从企业级开始，层层分解到所属单位（部门），最终落实到具体的岗位和员工。

激励计划是企业为激励被评价对象而采取的行动方案，包括激励对象、激励形式、激励条件和激励周期等内容。激励计划按激励形式可分为薪酬激励计划、能力开发激励计划、职业发展激励计划和其他激励计划。薪酬激励计划按期限可分为短期薪酬激励计划和中长期薪酬激励计划。短期薪酬激励计划主要包括绩效工资、绩效奖金、绩效福利等。中长期薪酬激励计划主要包括股票期权、股票增值权、限制性股票,以及虚拟股票等。

(二)明确绩效评价周期及考核责任书

月度、季度绩效评价一般适用于企业基层员工和管理人员,半年度绩效评价一般适用于企业中高层管理人员,年度绩效评价适用于企业所有被评价对象,任期绩效评价主要适用于企业负责人。绩效计划制订后,评价主体与被评价对象一般应签订绩效考核责任书,明确各自的权利和义务,并作为绩效评价与激励管理的依据。绩效考核责任书的主要内容包括绩效指标、目标值及权重、评价计分方法、特别约定事项、有效期限和签订日期等。绩效责任书一般按年度或任期签订。

(三)建立配套的监督控制机制

绩效计划与激励计划下达后,各计划执行单位(部门)应认真组织实施,从横向和纵向两方面落实到各所属单位(部门)、各岗位员工,形成全方位的绩效计划与激励计划执行责任体系。在绩效计划与激励计划执行过程中,企业应建立配套的监督控制机制,及时记录执行情况,进行差异分析与纠偏,持续优化业务流程,确保绩效计划与激励计划的有效执行。监督控制机制主要包括监控与记录、分析与纠偏等,借助信息系统或其他信息支持手段,监控和记录指标完成情况、重大事项、员工的工作表现和激励措施执行情况等内容,具体可使用观察法、工作记录法、他人反馈法等。根据监控与记录的结果，重点分析指标完成值与目标值的偏差、激励效果与预期目标的偏差，提出相应的整改建议，并采取必要的改进措施。

三、编制分析报告

绩效管理工作机构应根据计划的执行情况定期实施绩效评价与激励，按照绩效计划与激励计划的约定，对被评价对象的绩效表现进行系统、全面、公正、客观的评价，并根据评价结果实施相应的激励。评价主体应按照绩效计划收集相关信息，获取被评价对象的绩效指标实际值，对照目标值，并进一步形成对被评价对象的综合评价结果。绩效评价过程及结果应有完整的记录，结果应得到评价主体和被评价对象的确认。

绩效评价结果发布后，企业应组织兑现激励计划，综合运用绩效薪酬激励、能力开发激励、职业发展激励等多种方式，逐级兑现激励承诺。

绩效管理工作机构应定期或根据需要编制绩效评价与激励管理报告，对绩效评价和激励管理的结果进行反映。绩效评价与激励管理报告是企业管理会计报告的重要组成部分，应确保内容真实、数据可靠、分析客观、结论清楚，为报告使用者提供满足决策需要的信息。定期通过回顾和分析，检查和评估绩效评价与激励管理的实施效果，不断优化绩效计划和激励计划，改进未来绩效管理工作。

以 PPP 项目绩效监控为例。绩效管理工作机构也就是项目企业（社会资本）负责日常绩效监控，按照"谁支出，谁监控"的原则，明确了项目企业、项目实施机构在绩效监控中的主体责任。一是项目企业（社会资本）开展 PPP 项目日常绩效监控，按照项目实施机构要求，定期报送监控结果。二是项目实施机构应对照绩效监控目标，查找项目绩效运行偏差，分析偏差原因，结合项目实际,提出实施纠偏的路径和方法,并做好信息记录。项目实施机构应根据绩效监控发现的偏差情况及时向项目企业(社会资本)和相关部门反馈,并督促其纠偏;对于偏差原因涉及自身的,项目实施机构应及时纠偏;对于偏差较大的,应撰写《绩效监控报告》报送相关主管部门和财政部门。

PPP 项目绩效评价报告报送相关主管部门、财政部门复核,报告复核重点关注绩效评价工作方案是否落实、引用数据是否真实合理、揭示的问题是否客观公正、提出的改进措施是否有针对性和可操作性。PPP 项目绩效报告关注以下内容。

一是突出物有所值。报告应明确 PPP 项目绩效目标编制应该体现物有所值的理念,体现成本效益的要求。

二是分为总体目标和年度目标。报告应考虑到 PPP 周期长的特点,PPP 项目绩效目标包括总体绩效目标和年度绩效目标。总体绩效目标是 PPP 项目在全生命周期内预期达到的产出和效果。年度绩效目标是根据总体绩效目标和项目实际确定的具体年度预期达到的产出和效果,应当具体、可衡量、可实现。

三是设定了 PPP 项目管理绩效目标。绩效目标应包括预期产出、预期效果及项目管理等内容。项目管理是指项目全生命周期内的预算、监督、组织、财务、制度、档案、信息公开等管理情况。

四是分阶段开展绩效目标管理并明确异议解决途径。项目企业对绩效评价结果有异议的,应在 5 个工作日内明确提出并提供有效的佐证材料,向项目实施机构解释说明并达成一致意见。对于无法达成一致意见的,应组织召开评审会,双方对评审意见无异议的,根据评审意见确定最终评价结果;仍有异议的,按照合同约定的争议解决机制处理。

四、绩效管理示例

（一）借鉴平衡计分卡的绩效考核管理

借鉴了平衡计分卡，某医院实施三级公立医院绩效考核管理。通过借鉴平衡计分卡，兼顾考虑建立"实现战略制导"的绩效管理系统，从而保证企业战略得到有效执行。医院期望借助此工具推动业财整合，所以在绩效评价体系的制定过程中，既考虑传统财务指标的重要性，又引入成长性、内部流程等影响企业战略实施的多维度因素，实现财务指标和非财务指标的平衡、长期目标和短期目标的平衡、结果性指标与动因性指标之间的平衡、组织内部群体与外部群体的平衡、领先指标与滞后指标之间的平衡。

为贯彻落实《国务院办公厅关于加强三级公立医院绩效考核工作的意见》（国办发〔2019〕4号），全面推进某公立医院关于三级公立医院综合绩效考核工作，该医院坚持公益性导向，提高医疗服务效率，以满足人民群众健康需求为出发点和立足点，服务深化医药卫生体制改革全局，积极改革、完善公立医院运行机制和医务人员激励机制，实现社会效益和经济效益、当前业绩和长久运营、保持平稳和持续创新相结合。强化绩效考核导向，推动医院落实公益性，实现预算与绩效管理一体化，提高医疗服务能力和运行效率。

一是确定考核的目标。通过绩效考核，推动医院向五大目标转向，即发展方式由规模扩张型转向质量效益型、管理模式由粗放行政化管理转向精细信息化管理、投资方向由投资医院发展建设转向扩大分配提高医务人员收入、服务功能定位由医疗服务数量型转向三级医院功能定位、服务理念由"以疾病为中心"转向"以患者健康为中心"，促进收入分配更科学、更公平，实现效率提高和质量提升，促进公立医院综合改革政策落地见效。该医院坚持精细化推进，完善医院管理机制，根据国家的统一标准、关键指标、体系架构和实现路径，制定出三级公立医院绩效考核指标考核评分细则，提升考核的针对性和精准度。

二是坚持信息化支撑，确保结果真实客观。该医院通过加强信息系统建设，提高绩效考核数据信息的准确性，保证关键数据信息自动生成、不可更改，确保绩效考核结果真实客观。根据医学规律和行业特点，发挥大数据优势，强化考核数据分析应用，提升医院的科学管理水平。

三是坚持激励性引导，促进医院持续改进。医院和人员的绩效考核结果与政府投入、管理调控，以及人员职业发展等相挂钩，采取综合措施，奖优罚劣，拉开差距，有效促进绩效持续改进，为建立现代医院管理制度和符合医疗行业特点的人事薪酬制度创造条件。

四是初步建立绩效考核指标体系、标准化支撑体系，探索建立绩效考核结果运行机制。到2020年，基本建立了较为完善的三级公立医院绩效考核体系，三级公立医院功能定位进一步落实，内部管理更加规范，医疗服务整体效率有效提升，分级诊疗制度更加完善。

财务与内部流程指标体现医院的精细化管理水平，是实现医院科学管理的关键。通过人力资源配比和人员负荷指标考核医疗资源利用效率；通过经济管理指标考核医院经济运行管理情况；通过考核收支结构指标间接反映政府落实办医责任情况和医院医疗收入结构合理性，推动实现收支平衡、略有结余，有效体现医务人员技术劳务价值的目标；通过考核门诊和住院患者次均费用变化，衡量医院主动控制费用不合理增长情况。

人才队伍建设与教学科研能力体现医院的持续发展能力，是反映三级公立医院创新发展和持续健康运行的重要指标。主要通过人才结构指标考核医务人员稳定性，通过科研成果临床转化指标考核医院创新支撑能力，通过技术应用指标考核医院引领发展和持续运行情况，通过公共信用综合评价等级指标考核医院信用建设。

医院满意度由患者满意度和医务人员满意度两部分组成。患者满意度是三级公立医院社会效益的重要体现，提高医务人员满意度是医院提供高质量医疗服务的重要保障。通过门诊患者、住院患者和医务人员满意度评价，衡量患者的就医获得感及医务人员的积极性。

（二）运用价值链理论的绩效考评

价值链理论的实质是用价值链分析方法将客户、供应商和企业分解为既分离又相关的行为群体。运用价值链理论对员工进行绩效考评，目的是通过对企业价值的有效管理，实现企业长期的持续的有效经营。企业在经营管理和财务管理中遵循价值理念，依据价值增长规则和规律，探索价值创造的运营模式和管理技术，从而连接企业战略并应用于整个经营过程中。

1.绩效目标设定

企业的绩效目标设定必须遵循具体、可度量、可验证的原则，如果达成所有结果，目标就自然能完成。例如，如果目标是将搜索质量提升10%，其相应的关键结果就是更好的搜索相关性（即结果对用户而言有用）和更少的等待时间（快速找到搜索结果）。

目标明确能够提升绩效表现，但是很多企业在设定目标时浪费了大量的时间，而且还很难统一企业上下层的目标。企业采用的方式是以市场为基础，逐步将企业的目标汇聚，如果出现团队偏离企业整体目标太远的情况，其工作任务很快会引起企业的重视，而企业的重要工作相对容易被直接管理。

2. 绩效评估

企业开发出非常复杂、精细的解析方法，确保员工的评分略高一点，就能得到对应略高一点的奖励，但这样做的实际意义并不大。因为尽管企业在绩效考核上花了很多时间，但等到设定薪水和分配奖金的时候，有三分之二的可能会对绩效结果进行调整。企业的管理人员平均每三个月就要进行一次绩效考核，考评过程看似非常精准，但却不能作为衡量薪酬的可信依据。企业还发现，管理人员出现两极评级的情况增加了一倍，获得最高等级评价的员工比例提高。同时，落在最低一档的人数有所降低，管理人员可以相对轻松地与绩效待改进员工进行直接而真诚的沟通反馈，以帮助他们改进绩效。

绩效评估的重中之重在于校准，如果没有校准，那么企业绩效考核的公平性、可信度和效率都会大幅下降。校准正是企业员工提高绩效考核体系满意度的真正原因，企业通过绩效校准会议来确保绩效结果更加公正、客观。在绩效初评等级最终确定之前，各小组的经理通过会议评审对绩效等级进行校准。在绩效评定会议上，某位经理的评估结果会与其他类似团队经理的评估结果进行比较：经理 5～10 人为一组，通过投影对团队的 50～1 000 位员工的考评结果进行讨论，直到达成一个公平的评级。绩效评定会议有效避免了经理由于来自员工的压力而做出不客观的评价，同时也确保了绩效考核结果符合多数人对绩效表现的共同期望，进而消除个体偏见，提升绩效考核的公平性。

3. 绩效沟通与反馈

在绩效沟通与反馈方面，企业通过两次独立的谈话来实现，即将绩效结果反馈面谈和员工发展面谈分开来进行。内在动机是成长的关键，但在传统的绩效管理模式下，内在动机被严重制约。大量的实验证明了激励因素的重要作用和激励因素消失后的负面影响，因此激励因素能够激发人的内在动机，而升职、加薪等外在动机反而有可能降低员工的学习发展意愿。外在动机会改变人们看待工作的方式，同时还会降低内在动机。内在动机不仅能激发人们更好的表现，而且还能使人精神焕发、获得自尊和幸福感。在工作中，企业应该给予员工更多的自由度和自主性，激发员工的内在动机。

4.绩效结果运用

在很多企业，员工因为绩效考评结果足够好就能被升职，但在有些企业，升职也和绩效考核一样，是由评审会决定的。评审会审议准备提拔的员工，并参照前几年升职的员工的情况，以及明确规定的晋升标准，对候选人进行绩效校准，以确保公平性。同时，评审会在评议时也非常重视候选人的反馈意见，技术或产品管理领域的人可以在晋升时进行自我推荐。

第四节 营运管理

营运管理，是指为了实现企业战略和营运目标，各级管理者通过计划、组织、指挥、协调、控制、激励等活动，实现对企业生产经营过程中的物料供应、产品生产和销售等环节的价值增值管理。企业进行营运管理，一般应遵循 PDCA 管理原则，按照计划（Plan）、实施（Do）、检查（Check）、处理（Act）四个阶段，形成闭环管理，使营运管理工作更加条理化、系统化和科学化。

一、营运管理的工具

营运管理领域应用的管理会计工具方法,一般包括本量利分析、敏感性分析、边际分析和标杆管理等。企业应根据自身业务特点和管理需要等,选择单独或综合运用营运管理工具方法,以便更好地实现营运管理目标。

企业应用多种工具方法制订营运计划,应根据自身的实际情况,选择单独或综合应用预算管理领域、平衡计分卡、标杆管理等管理会计工具方法。同时,应充分应用本量利分析、敏感性分析、边际分析等管理会计工具方法,为营运计划的制订提供具体量化的数据分析,有效支持决策。

以本量利分析为例,是指以成本性态分析和变动成本法为基础,运用数学模型和图式,对成本、利润、业务量与单价等因素之间的依存关系进行分析。"本"是指成本,包括固定成本和变动成本;"量"是指业务量,一般指销售量;"利"一般指营业利润。本量利分析主要用于企业生产决策、成本决策和定价决策,也可以广泛地用于投融资决策等。本量利分析的主要优点是:可以广泛应用于规划企业经济活动和营运决策等方面,简便易行、通俗易懂和容易掌握。主要缺点是:仅考虑单因素变化的影响,是一种静态分析方法,且对成本性态较为依赖。

与本量利分析相关的联系有四个方面:

第一,在销售总成本已定的情况下,盈亏临界点的高低取决于单位售价的高低。单位售价越高,盈亏临界点越低;单位售价越低,盈亏临界点越高。

第二,在销售收入已定的情况下,盈亏临界点的高低取决于固定成本和单位变动成本的高低。固定成本越高,或单位变动成本越高,则盈亏临界点越高;反之,盈亏临界点越低。

第三,在盈亏临界点不变的前提下,销售量越大,企业实现的利润便越多（或亏损越少）；销售量越小，企业实现的利润便越少（或亏损越多）。

第四，在销售量不变的前提下，盈亏临界点越低，企业能实现的利润便越多（或亏损越少）；盈亏临界点越高，企业能实现的利润便越少（或亏损越多）。

二、营运计划的制订

营运计划，是指企业根据战略决策和营运目标的要求，从时间和空间上对营运过程中各种资源所做出的统筹安排，主要作用是分解营运目标，分配企业资源，安排营运过程中的各项活动。营运计划分为长期营运计划、中期营运计划和短期营运计划，按计划的内容可分为销售、生产、供应、财务、人力资源、产品开发、技术改造和设备投资等营运计划。制订营运计划，应当遵循以下原则。

（一）系统性原则

企业在制订计划时不仅应考虑营运的各个环节，还要从整个系统的角度出发，既要考虑大系统的利益，又要兼顾各个环节的利益。

（二）平衡性原则

企业应考虑内部环境与外部环境之间的矛盾，有效平衡可能对营运过程中的研发、生产、供应、销售等存在影响的各个方面，使其保持合理的比例关系。

（三）灵活性原则

企业应当充分考虑未来的不确定性，在制订计划时保持一定的灵活性和弹性。

企业在制订营运计划时，应以战略目标和年度营运目标为指引，充分分析宏观经济形势、行业发展规律，以及竞争对手情况等内部和外部环境变化，同时还应评估企业自身研发、生产、供应、销售等环节的营运能力，客观评估自身的优势和劣势，以及面临的风险和机会等。企业在制订营运计划时，应开展营运预测，将其作为营运计划制订的基础和依据。根据月度的营运计划，组织开展各项营运活动。建立配套的监督控制机制，及时记录营运计划的执行情况，进行差异分析与纠偏，持续优化业务流程，确保营运计划的有效执行。企业在营运计划执行的过程中，应关注和识别存在的各种不确定因素，分析和评估其对企业营运的影响，适时启动调整原计划的有关工作，确保企业营运目标更加切合实际，更合理地进行资源配置。

三、营运计划的监控

按照 PDCA 管理原则，以日、周、月、季、年等频率建立营运监控体系，并不断优化营运监控体系的各项机制，做好营运监控分析工作。营运监控分析，是指以本期财务和管理指标为起点，通过指标分析查找异常，并进一步揭示差异所反映的营运缺陷，追踪缺陷成因，提出并落实改进措施，不断提高企业营运管理水平。

（一）发现偏差

企业通过各类手段和方法，分析营运计划的执行情况，发现计划执行中的偏差及问题。

（二）分析偏差

企业对营运计划执行过程中出现的问题和偏差原因进行研究，及时采取针对性措施。

（三）纠正偏差

企业根据偏差产生的原因，采取有针对性的纠偏对策，使企业在营运过程中的活动按既定的营运计划进行，或者对营运计划进行必要的调整。

营运监控分析应至少包括发展能力、盈利能力、偿债能力等方面的财务指标，以及生产能力、管理能力等方面的非财务内容，并根据所处行业的营运特点，通过趋势分析、对标分析等，建立完善的营运监控分析指标体系。

建立预警、督办、跟踪等营运监控机制，及时对营运监控过程中发现的异常情况进行通报、预警，按照PDCA管理原则督促相关责任人将工作举措落实到位；建立信息报送、收集、整理、分析、报告等日常管理机制，保证信息传递的及时性和可靠性；建立营运监控管理信息系统、营运监控信息报告体系等，保证营运监控分析工作的顺利开展。

四、营运管理实践

（一）业财融合模式下的医院运营平台建设

根据国务院办公厅颁发的《关于建立现代医院管理制度的指导意见》（国办发〔2017〕67号），某大型综合医院从建立健全全面预算管理、成本管理、财务报告、信息管理制度入手，着力优化完善医院人财物管理系统，创建一套支持医院整体运营管理的统一高效、互联互通、信息共享的医院营运管理平台。

该医院按照"业财融合"的管理理念，以优化统筹管理、提升运营效率为目标，以财务管理为重点，创建了一套支持医院整体运营管理的统一高效、互联互通的医院资源管理平台，将现代管理理念和信息技术相融合，创新了工作机制，优化了运营流程。该项目的实施，有效解决了原有管理信息系统"碎片化""孤岛化"和"各自为战"的问题，形成了良好的互联互通，既满足了政府会计制度改革、个税改革的要求，又提升了运营管理效率，为实现医院流程管理和标准化管理奠定了良好的基础。

财务管理系统包括预算管理、成本核算、网上报销、个税扣缴、财务分析及决策支撑系统、物资管理等系统建设，具体分析如下。

1.预算管理

进行预算管理，要明确规定预算的编制、执行、调整等程序，使各级预算行为有章可循。预算管理由医院财经工作管理委员会负责审批、调整等，财务部负责日常的管理工作。

2.成本核算

成本核算应全面满足政府会计改革、医院财务制度，以及医院成本管理暂行办法等全成本核算要求，遵循财务会计与责任会计体系的有机结合，建立基于全院所有核算单元的全成本核算、控制和计划体系；还要满足医院收入分析、成本分析、效益分析等要求，建立医院全成本核算体系，全面、真实、准确地反映科室的医疗服务成本。

3.网上报销

在网络报销模式下，报账人员凭用户名（人事号或工号）和密码登录医院信息门户网上的自助报账系统，根据报销提示信息，填写经费项目选择项目编码、报销内容、报销金额及银行账户等信息，填写完成确认无误后，自动生成相应报销类型的报销单。

4.个税扣缴

医院通过人力资源管理系统，每月给职工发放工资条及收入条。工资条正常体现职工的各项工资项及应发金额；收入条除体现职工的应发工资、其他收入等以外，还可以体现职工在个税APP上填写的累计专项附加扣除、职工当年的累计收入额、累计应纳税所得额、累计应纳税额等，让职工更清楚地了解自己的纳税信息。同时，人力资源管理系统可以分类汇总全院职工的收入，满足管理者多维度的人员经费数据需求。

5.财务分析及决策支撑系统

开发"院长驾驶舱"，根据医院规划目标设定重点指标，对全院信息系统所有数据进行有机集成、清洗、挖掘、加工，得到指标化数据，并以驾驶舱、图表化的方式展示数据，指标支持院、科室、个人三级联动，支持数据向下钻取。

6.物资管理

物资管理系统设计的主要功能有：在线招投标管理、采购合同、资质管理、采购计划、采购需求、采购订货、云采购平台、物资入库管理、采购发票管理、物资领用管理、物资出库管理、条形码管理、物资盘点管理。

该医院实行 HRP 项目建设，取得了很好的效果，具体分析如下。

（1）信息互通，推进业财融合

HRP 项目建设，促进了业务标准化、全程化和一体化，推动了业财融合，大幅度提高了医院的资源利用率和运行效率。财务、业务、信息技术的三位一体，数据共享、业务财务一体，提升了财务的决策支持作用。该项目把人力更多地配置到管理工作、开展管理创新中，实现院内预算"硬约束"和事前、事中、事后的全过程管控。可以实现从采购环节到物流配送，再到使用环节的全程跟踪管控，有效控制不合理医药费用。

（2）数据融合，实现银企互联

医院通过与银行及软件企业进行充分的沟通后，构架了资金结算的平台，通过支付信息的互联互通，实现了自助结算、诊间结算、移动终端结算，打通了信息的孤岛，将业务与财务充分结合，让患者"多跑网路、少跑马路"。实现信息、数据的互联互通，提高管理效率，并通过数据的挖掘分析，向院领导提供"管理驾驶舱"等决策参考。

（3）贯穿全局，跟踪物资流转

医院建立了物资耗材的分类管理模式，结合全面预算控制，以信息化为手段，杜绝"跑冒滴漏"等现象。对于可收费耗材实现实耗实销管理，从而避免了管理漏洞。对固定资产的全生命周期管理和全过程跟踪，对医疗设备进行单机核算和考核，增加移动端技术的应用（移动 PDA、手机 APP 等）。在物资管理系统建设中，实现了对药品、医用耗材从采购、物流配送直至使用环节的全程跟踪管控；对固定资产的全生命周期管理等突出亮点，为实现医院智慧财务建设、全生命周期物流管理和战略人力资源管理的目标，奠定了坚实的基础。

（二）PDCA 循环下的某电力企业财务管理

PDCA 循环是不断改进的科学程序，每一次循环结束都发现并解决一些问题，使得管理不断优化，呈现阶梯式上升态势。以某电力企业为例，借助 PDCA 循环实现动态优化，促进企业调动各种要素向管理要效益。以财务会计制度为依据，结合电网企业生产经营特点，通过量化分解，解析并修正差异，全面建立覆盖生产、运营、管理各类成本支出的统一标准成本。增强企业财务管控能力，提升运营效率和效益，达到以财务资源的集约化运作为中心，建立适应现代企业制度要求的科学高效财务成本管控机制的目标。

按照"规范先行、全面覆盖、科学制定、标准统一"的原则，以调控成本总量、监控业务分项、严格标准体系、实现集约高效为目标，构建涵盖电网检修运维和经营管理主要环节的标准成本体系，提升企业系统成本管理的科学化、精益化水平，以信息化手段加强标准成本数据"用养"及过程监控，体现内控风险管理要求。

1.计划阶段

以财务会计制度为依据，结合电网生产经营特点，梳理成本费用科目，明确列支范围，规范列支渠道，建立电网检修运维标准成本和其他运营费用标准成本。计划阶段即标准化阶段，通过量化分析制定标准成本，便于以后的执行和推广。建立制度保障实施，为有效实施和保障成本管理取得成效，企业具体制定、修订了相关标准成本、预算管理、成本支出等制度文件，指导标准成本管理、预算管理和成本支出。全面覆盖预算编制下达、预算执行分析、预算申请调整、预算考核评价的全过程。

2. 执行阶段

以财务管控信息系统和成本全过程管理平台为手段，强化成本预算管理流程，实现成本预算编制、审批、发布、执行、调整全链条管理。执行阶段是标准成本的落地应用阶段，是实现企业经营目标的具体实施过程。运用系统工具进行成本预算的自动分解和下达，通过线上系统预算金额控制和线下业务、财务分工审核双重管控，有效规范成本列支渠道和监控成本预算执行准确度。按季度进行成本管理、预算管理情况分析，总结管理经验、查找管理问题、提出改进措施。

3. 检查阶段

以 ERP 财务信息系统为手段，对成本费用报销单据实行内部控制。以财务风险控制信息系统为手段，对不合规的成本费用进行内部稽核。检查阶段是执行纠错阶段，也是既有标准的验证阶段，为后续优化工作提供实际业务支撑。

4. 修正阶段

在 ERP 财务信息系统中，将业务部门填制不合规的成本费用采购申请和费用报销单进行退回处理。对财务风险控制信息系统内部稽核出不合规的成本费用，要求业务部门立即进行整改。结合业务实际动态修正标准成本，优化标准成本的可行性。修正阶段是解决问题、总结经验的阶段，重点在于修订标准，包括技术标准和管理制度。将标准成本管理、预算管理水平纳入企业负责人考核指标、部门绩效、员工绩效考评事项，奖励先进惩戒后进，全面强化企业"成本节约"意识，提高成本支出的效率和效益。

第五节　成本管理

随着我国经济的快速发展，企业要在激烈的市场竞争中取得一定的优势，就需要有一个先进的成本管理会计体系。传统的成本核算方法将产品的成本分为直接材料、直接人工及制造费用。在分配制造费用时，企业通常按耗用工时或材料成本的多少来分配，没有考虑不同产品制造过程中的难易程度，这样算出来的产品成本缺乏合理性。随着企业自动化、智能化的程度越来越高，生产工人工资等直接成本所占比例大大减少，间接成本比例大幅度提高，如果仍用传统的成本核算方法，会导致信息失真的数额越来越大。作业成本法能提供较为准确的成本信息，从而帮助企业的管理层做出正确的决策。

作业成本法（Activity-Based Costing）也叫 ABC 成本法，最早可追溯到 20 世纪杰出的会计大师、美国人埃里克·科勒（Eric Kohler）教授。科勒教授在 1952 年编著的《会计师词典》中，首次提出了作业、作业会计等概念。1971 年，乔治·斯托布斯（George Staubus）教授在《作业成本计算和投入产出会计》中对作业、成本、作业会计、作业投入产出系统等概念进行了全面、系统的讨论。"产品消耗作业，作业消耗资源"是作业成本法的理论基础。作业成本法引入价值链的理念，基本原理是将产品消耗、资源消耗、间接成本按照作业归集，突破了标准成本制度模式，揭示了资源耗费、成本发生的前因后果。作业成本法指明了深入到作业水平进行成本控制的途径，以作业为成本控制的核心，分析哪些是增值作业，哪些是非增值作业，减少作业耗费，以最大限度地降低产品成本。

一、作业成本法的优点

（一）较准确地反映出产品消耗资源的代价

作业成本法按各种产品实际消耗与间接成本相关的作业量的多少，来分配其应负担的间接成本，能较准确地反映出各产品为消耗资源所付出的代价，以此做出的利润分析结果更为准确。

（二）通过作业分析消除不增值作业降低成本

作业成本法将成本分析和成本管理的触角深入到作业层次，通过作业分析、作业管理，达到消除不增值作业以降低成本的目的，并通过对资源消耗的过程进行动态分析和跟踪，进而优化作业链、价值链。

（三）利于评价个人或作业中心的责任履行情况

在作业成本观念下，以产品的各项作业作为责任和控制中心，通过各作业层所提供的有价值的成本信息，能明确增值作业与非增值作业、高效作业与低效作业，评价个人或作业中心的责任履行情况。

二、作业成本法的示例

示例一：东风汽车的作业成本法应用，是以车架作业部为试点，先对生产工艺流程进行描述，然后将任务归集到作业，将上下游工序中的一些次要任务或作业合并，归集为一个作业中心。在每一个作业中心都有一个或多个同质成本动因，从中选择一个最具有代表性的成本动因，作为计算成本动因分配率的基础，最终计算出成本动因分配率和产品作业成本。东风汽车"作业成本法"从试点到全面实施，发现了消耗资源但不会产生价值的作业环节，在制定作业的标准成本时，会对生产的流程重新进行整理，就会发现并纠正影响效率的不足之处，如每个加工环节多余的等待时间、设备检测和维护的无用时间等，就会节省相应作业的资源耗费，从而提高企业整体的生产水平。企业在实施作业标准成本法之后，会得到更加精准的成本信息资料，对产品的定价会起到积极的指导作用，这个定价将直接关系到企业以后的销售情况和利润收入。在预算管理方面，企业一直使用的是全面预算管理政策，但由于缺乏标准的参考，历史的成本数据并不是能完全真实地反映企业的成本情况，所以在借鉴历史数据的情况下，企业的预算编制和控制都不是很到位。在引入作业的标准成本法之后，企业就会发现在大量数据背后真实的生产和经营情况，通过计算得出差异再进行分析，强化了产品的预算控制功能。

示例二：许继电气股份有限公司被誉为我国电力装备行业配套能力最强的企业，企业以产品作为成本计算对象，对于事业部的研发费用，先根据成本动因将其分配到研发项目上，再根据预期受益产品的产值比重，对研发项目的研发费用进行分配。作业成本法在许继电气的运用基本上达到了预期目标，即控制成本费用，提高企业管理效率，最终为股东创造出更大的价值，具体的应用步骤如下。

第一步，识别不同活动的成本。活动成本库可以根据企业实际经营所发生的各种活动，灵活加以确定，包括设置调试机器、订货、材料处理、储存、发运、生产过程监管、供电等。对成本驱动因素的分析，有助于企业确定把制造费用分配到各个产品或产品系列上的适当比率。

第二步，运用这些比率，把成本库中的制造费用分摊到各个产品中。根据企业的工艺流程，确定了32个作业及各作业的作业动因，作业动因主要是人工工时,其他作业动因有运输距离、准备次数、零件种类数、订单数、机器小时、客户数等。通过计算,发现了传统成本法的成本扭曲。根据作业成本法提供的信息,为加强成本控制,针对每个作业制定目标成本,使得目标成本可以细化到班组,增加了成本控制的有效性。通过对成本信息的分析,发现生产协调、检测、修理和运输作业不增加顾客价值。通过作业分析,发现大量的人力资源的冗余,通过裁减相应岗位人员,减少相关的人力支出。

第三章 会计的管理方式

第一节 财务会计精细化管理

"企业的任何一项经济活动都有其财务意义",精细化财务管理的核心就是通过实现"三个转变"促进财务管理水平的提高,即财务工作职能从记账核算型向经营管理型转变,财务工作领域从事后的静态核算向全过程、全方位的动态控制转变,财务工作作风从机关型向服务型转变。财务会计是精细化管理的重要组成,对制造型企业的发展影响重大。

一、精细化管理概述

精细化管理需要深入到制造型企业发展的全过程,具体体现在精细化操作、精细化管控、精细化管控和精细化规划方面。其中,精细化操作主要是要求制造型企业员工在工作中规范自己的行为,严格按照有关标准进行操作,确保施工操作的安全。精细化控制主要是指在制造型企业实践活动中严格规范各个活动流程,确保制造型企业能够按照计划施工。精细化核算是针对财务管理层面的活动,主要是指对各类与财务活动相关内容的核算,通过有效核算确保制造型企业发展利益的实现。精细化规划深刻影响制造型企业的长远发展，能够增强制造型企业发展的市场竞争力。

二、财务精细化管理优化策略

（一）加强预算管理

精益化的预算管理是联结企业发展战略、年度经营计划和经营环境的纽带。企业应结合实际制定出一套完整的预算工作流程，包括预算编制、预算跟踪控制、预算分析、预算调整等各个环节，不断细化预算科目，科学选择预算计量指标，同时要加强企业预算管理审计、监督和考核，对投资、资金流向、财务状况变动情况等实施全过程跟踪和监控，定期检查，及时掌握动态，反馈预算执行中的情况和突出问题，并给予纠正和处理。通过这套流程，企业的整个预算管理变得有章可循，各部门在预算编制和预算控制中的职责得以明确。企业还要适时监控外部经营环境变化，考察分析可以调动的内部和外部环境资源，对可以实现的效益进行适当调整，并以此作为激励全体员工向更高目标努力的动力。此外，预算管理应在如下方面多下功夫：一是业务预算，重点是销售收入、成本费用等；二是财务预算；三是资产预算，重点是投资、开发、存量调整等。

（二）完善成本控制

精益管理的基本理念是利润来源于对降低成本的不断追求之中，成本在利润的诸多决定因素中，是企业最能直接控制的要素。

企业要根据实际情况建立起完善的成本控制机制，管理层通过在日常成本管理中对费用合理性和有效性的审核，要适度增加合理有效的费用开支，减少无效支出，这样才能使得各项成本费用支出都是为了提高企业的经济效益。

要真正地执行这些管理制度，管理层必须先从约束自身做起，同时加强对业务部门执行制度的检查，并实行必要的奖惩措施，努力提高业务人员的政治素质和专业水平。

但精益化管理并不能面面俱到，而且将昂贵的人力资源和宝贵的精力投入到无意义的细小环节本身就是一种浪费，所以管理层要客观分析企业的价值链条，找到成本控制的关键要素，必要时定期进行经济活动分析，对成本的构成要素进行横向、纵向比较，力求将成本控制落实到位，将成本分析工作常规化和专人化，保证成本控制和成本降低工作的持续运转。

（三）优化财务业务流程

在会计信息化系统建设中，要改变手工会计的习惯和思维，贯彻精细化管理思想。ERP环境下的会计信息化改变了手工会计的工作习惯，也改变了以手工会计流程为基础而设计的会计电算化系统流程，最终改变了会计管理工作的传统模式和思想。会计工作在达到管理精细要求的同时，必须改变传统的习惯做法，在保证会计工作质量与效率的前提下，把ERP的管理思想融入会计工作的创新过程中，探索建立一套从业务、会计核算、财务分析，到财务决策的财务管理信息系统，全面梳理和优化财务业务流程，建立各项财务工作标准，推行财务流程标准化管理。

（四）确保营运资金流转顺畅

企业的营运资金主要来源于销售取得的款项，多数企业由于开拓市场的原因，常常会出现滞留销售款的情况。为确保资金回笼，企业应建立起统一管理、集中调度的资金使用三级权限管理制度,即将现金支出的批准权高度集中在财务部门,同时根据下属营业部和二级财务单位的业务规模设置两级不同的资金使用权限,并严格收支两条线管理,各单位实现的销售收入必须全额及时清缴,费用由总部审核拨付。为确保资金使用三级权限管理制度的落实,企业除了要制定规章制度外,还应采用总部开户、定期托收的方式,利用银行提供的查询系统,监督各单位账户中的资金变动情况,从而全面、及时地掌握企业的整体资金状况,以实现资金的统一调度,减少资金沉淀。

三、财务精细化管理优化示例

如果把时间当作一种资源来看,在保证决策质量的前提下,最大限度地减少时间的浪费,缩短决策周期,是精益化管理理念的要求。精益化财务管理强调理性投资,无论是对内投资,还是对外投资,都要以有助于企业长期战略发展目标的实现为决策前提,防范做大、做空;在事中和事后的控制监督和考核评价中,则要确保投资的保值和增值,努力提高投资效益。准确地说,精益化财务管理就是要将财务管理的触角延伸到企业所有的生产经营领域,实现财务管理与经营业务的协同发展。

以某企业为例,从财务角度切入,首先统一了企业信息平台,消除信息孤岛,利用数据分析平台的优势,用数据支持业务决策,支持业务的绩效评估,实现了企业在资源、信息和管控上的效益最大化。

某企业存在诸多财务方面的挑战,例如,系统繁多、数据存放不统一、数据缺失等,数据质量无法支撑做历史报表的需求;业务部门数据填报效率低,领导报表需求多,自主分析困难;信息部门数据分析负担重,重复劳动,工作被动,部门定位十分尴尬;财务人员多从事基础手工工作,工作繁重,部门地位尴尬，被认为不创造价值。

该企业为了辅助经营决策，实现上下信息畅通和数据共享，消除信息孤岛，在对报表需求者进行调研的基础上，引入管理思路和模型。利用"杜邦模型"，通过对相关指标预设预警值、预算值，搭建了预警分析体系，结合经营中的实际数据，为企业预警、体检（事前、事中、事后），具备"温度计""控制器"的功能。

在"杜邦模型"工具栏上，用绿色文字显示目标值，用黑色文字显示实际值，用红色文字显示预警值。当某财务指标超过预警值时，系统自动用红色背景高亮显示异常指标，而当某财务指标达成时，系统自动用绿色背景高亮显示完成目标。如此，高层领导只需关注财务报表指标颜色的变化即可。同时，系统也会第一时间对财务异常进行预警，财务部门和业务部门可及时干预处理，为企业发展和业务管理护航。

第二节　管理会计与财务会计融合

一、现代会计两大分支的联系及区别

对于企业经营来说，财务的管理至关重要，所有企业的财务管理最终的展示都是落在企业的财务报表上，需要用实际的数据来展示。会计是为了服务财务而诞生的，但由于企业的财务管理方面出现了分流，因而对于会计来说，会计也出现了分支，即财务会计和管理会计。这两种会计有着千丝万缕

的联系,他们是同源的,管理会计更是企业用来控制企业经营的重要工具。

(一)企业财务会计与管理会计的联系

对于企业财务会计和管理会计来说,两者的研究对象实际上是相同的,两者研究的都是企业的价值运动,而最终的研究目的也都是为了通过价值创造的研究、分析,来促进企业价值增量的最大化,促进企业的发展。对于企业价值运动研究,我们可以通过对企业的资金运动研究来实现,因为资金运动的表现形式是具体的,是有据可循的,资金流动的主要形式包括投资、筹资、销售额、企业日常的运营,以及企业内部股份的分红和盈利,通过对这些资金运动的研究,我们就可以充分地研究和分析企业的价值运动,达到让企业的价值增量最大化的目的。对于财务会计和管理会计来说,虽然研究对象都是价值运动,但两者研究的真正成分是不同的。财务会计研究的是财务管理中的实体管理,因为财务会计可以直接接触到企业资金的预算、支出、收入等,可以对现金流量进行管理;管理会计接触的并非价值运动的实体,管理会计是通过对价值运动的分析、管理和整理反馈,来影响企业的管理,最终达到让企业价值最大化的目的。

财务会计与管理会计在企业的整体"价值链"当中,存在着十分密切的内部联系。对于一个企业来说,最主要的财务管理活动包括三个方面,即投资、筹资和资金日常运营情况。管理会计通过对企业价值运动的研究,对企业价值链进行横向和纵向的分析,提出科学合理的建设性建议。为达到企业价值最大化的目标,提出十分有价值的信息。财务会计通过借鉴管理会计提供的信息,为企业提出具体的实施方案,依据项目本身的情况做出资金的调整,对企业资源进行合理的分配。

（二）企业财务会计与管理会计的区别

虽然财务会计和管理会计的研究对象是相同的，两者存在着不可分割的内部联系，但两者也是有很大的区别的。两者的区别主要体现在八个方面，即服务对象不同、核算主体不同、核算原则不同、核算目的不同、工作程序不同、核算方法不同、计量尺度和观念取向不同、核算时间和效力不同。下面，举例说明其中的四个方面。第一种，从服务对象来说，财务会计这是为企业外部信息服务的，为企业做出正确合理的决策；管理会计则相反，是管理企业内部信息的。第二种，核算原则不同。财务会计核算的主体是有明确的标准和备注的，需要按照公认的会计原则进行核算；而管理会计则不需要遵循公认的规则，每个企业可以大不相同。第三种，核算目的不同。对于财务会计来说，账目处理的主要目的是汇报账目；而对于管理会计来说，主要职责是分析账目，是为了更好地经营企业而存在的。第四种，工作程序不同。对于财务会计而言，财务会计制作账目是需要严格按照规章制度进行的，不能自行颠倒顺序；而对于管理会计来说，他们的工作顺序比较灵活。

二、财务会计与管理会计的融合方式研究

（一）在资产负债表方面

资产负债表反映了一个企业的资产方面、负债方面，以及所有者权益方面等情况。企业可基于产品层面，开展内容为逐一分解资产负债表的管理会计报表设计工作，通过对每个单类产品资金占用指标、运营周期指标等进行深入的分析和相应的排序，最终得以达成不同资金矩阵策略的制定目标，主

要分为高周转低占用和低周转高占用这两类产品,采用短期高成本和长期低成本这两种不同的资金策略。作为经营管理者可以从时间序列出发,持续性地跟踪重要的资产与负债中的科目,并对应收账款周转率或者资产负债率等相关财务指标的预警值进行预设,以便跟踪和分析企业的财务走势状况,进而对经营策略进行实时调整。

(二) 在利润表方面

利润表是对处于一定期间(月、季、半年、年)企业的生产经营成果的反映。企业在利润表的编制和分析中,存在依照产品或者投资周期等进行分析的必要,便于企业对处在更长周期内的某个具体阶段中的利润表正常与否进行分析。例如,处于发展平稳期的饲料加工企业,难以在利润上有很大的提升,此时分析利润表是否正常主要以分析产业政策与行业前景等非财务指标为重点。同时,还应注意到利润表与企业实际经营之间存在很大的时间差异,造成主要对数据进行反映的利润表内容太过滞后,极易误导企业的经营决策。另外,处理财务费用的是财务会计,但却仅是对与负债有关的财务费用予以反映,忽视了占用与权益有关的资金的情况。基于此,作为一个企业而言,对于权益资金占用情况也应该进行财务费用的计算,并在利润表上有所体现,等同于基于EVA这一角度,对某项投资决策或者产品运营所具有的经济性进行综合化的评价和相应的考核。

(三) 在现金流量表方面

现金流量表是对处于一定会计期间企业的现金收支方面的情况的反映。从其科目可以看出,其对现金流信息的反映综合性过强,对于资金收支也只是对经营性方面、筹资性方面，以及投资性方面予以区分，造成仅观察现金流量表很难发现是否存在资金问题这一状况。已知现金流量表和资金计划表分别属于财务会计报表和管理会计报表中各不相同的报表类型，出于使企业管理、使用更加便捷的目的，改变前者为后者。总而言之，作为一个企业可从每个部门所应承担的职责出发，完成各自资金计划的制定工作。

三、财务管理中管理会计作用的强化

财务会计和管理会计是密不可分的两个同根部门，对于企业管理层来说，应对管理会计给予高度重视，对管理会计给予信任，这样才能调动管理会计工作的积极性，使其更好地为企业发展服务。

与此同时，对于管理会计自身而言，自身的专业素质也很重要，只有自身素质过硬，才能针对企业财务的不同状况提出不同的建设性建议；只有管理会计提出的建议合理有效时，企业的管理层和员工才会更加充分地信任管理会计，给予更多的权利，管理会计才有施展自己才能的地方，为企业实现价值最大化做出贡献。为提高管理会计的素质和能力，企业应对管理会计进行培训或者实战演练，给予更多的机会。

以往我们对管理会计的应用模式显然不能应对现阶段高速发展的社会和企业需要，对于企业来说，管理会计的应用模式也应针对现阶段企业的发展，从原来的"报账型模式"转变为"经营型模式"，建立企业的管理会计组织框架。

在管理会计作用的强化方面，最重要的一点是将财务管理工作做出明确的划分，财务会计和管理会计的工作职责是不同的，因而在工作内容和流程等方面都是不同的，要明确管理会计的主要工作职责，不要出现工作重复做或者没人做的现象。

第三节　会计核算规范化管理

目前，我国的会计工作的内容已从传统的记账、算账、报账、核账、查账等，逐步延伸到价值管理、资本运营、风险控制、决策支持等多个方面，会计管理活动的深度和广度正在不断拓展。随着信息技术和互联网技术的快速发展，会计核算与业务活动的同步集成进一步推进，会计工作的组织形式、技术手段、服务模式等正发生新的、重大而深刻的变化。为此，通过核算规范化的管理，可以进一步提高会计工作的职能定位，促进会计工作全面转型升级，更好地发挥会计在经济管理中的职能作用。

一、开展核算规范化管理的意义

（一）掌握企业发展的实际情况

就企业会计核算来讲，其实就是财务人员借助相关记录与资料，对企业生产经营中的相关数据进行分析，掌握企业发展情况，及时对企业发展战略进行调整，从而避免出现损失等。因此，在企业发展中就要发挥出企业会计核算的作用，满足企业的长远发展目标。就企业会计核算来讲，需要从日常经营的角度出发，通过对企业近期情况进行分析，明确企业是否正常运转。通过对得到的数据进行分析，能够找出存在的问题，确保相关数据的准确性，当数据出现偏差后，势必会影响到企业的正常发展，所以企业就要清楚认识到企业会计核算规范性管理的意义所在，所获取的数据也要是精准的，这样才能促进企业的发展。

（二）提升会计工作的质量

企业会计核算有一定的复杂性，需要财务人员在工作中保证做到认真、细致，提高核算的准确性与完整性。在企业发展中则需要以规范化管理方式开展核算工作，获取精准数据与信息，展现企业的经营状况，为企业发展提供服务。还要规范企业会计核算制度，确保各项工作能够落到实处，坚持以正确的规范制度进行核算，提高核算的可信度。

（三）提升企业在市场中的地位

企业要想在激烈的市场竞争中占据一席之地，就必须要做好企业会计核算工作，满足企业健康发展的需求。只有获取真实有效的信息，才能展现企业的经营状况，才能提升企业的市场地位，所以企业要从做好各环节控制入手，掌握成本情况，满足健康发展的需求。

二、会计核算规范化管理的措施

（一）国家层面的措施

近年来，随着我国全面深化改革的持续推进，《中华人民共和国会计法》的实施环境已经发生了重大变化，经济社会发展和会计改革工作中的新情况、新问题亟须以法律形式加以明确和规范，以良法来促进企业发展。

1.是落实全面依法治国要求的重要举措

党的十八大以来，以习近平同志为核心的党中央从坚持和发展中国特色社会主义全局出发，从实现国家治理体系和治理能力现代化的高度做出全面依法治国这一重大战略部署。对于会计法的多次修订，是行业落实党中央国务院要求的重要举措，是深化依法治国的一次重大实践，关系到我国会计行业的战略布局和发展方向。

2.是更好地服务经济社会发展的客观要求

会计工作是经济活动的"关口"，任何合法或者非法的经济业务事项都需要通过会计账目加以反映，会计信息的真实性，有利于市场主体降低交易成本、促进资金有效流动、避免资源浪费，推动市场经济健康发展，使市场在资源配置中起决定性作用。国家层面修订与会计相关的法律法规，可进一步规范会计秩序，增强会计信息的可靠性、可比性，更好地发挥会计在经济管理中的职能作用。

3.是国家层面修订会计法规的主要内容

一是会计核算部分，对需要进行会计核算的经济业务事项，按照主要财务会计报表项目进行高度概括，突出企业与政府会计主体会计核算的共性要求；充分考虑会计法与会计准则等的定位及分工，删减会计法中部分针对会计核算的细节性规定。

二是在会计监督部分，为确保内部控制对规范会计核算行为、提高单位会计信息质量发挥有效作用，增加了对单位建立和实施内部控制提出总体性要求；形成政府监管、社会监督、单位内部会计监督的"三位一体"的会计监管体系。

三是在会计机构和会计人员部分，为激活单位内部会计管理活力，修改了对单位会计工作的组织方式的强制性规定；明确必须设置和可以设置总会计师的单位范围；落实"放管服"改革要求，放宽会计机构负责人（会计主管人员）的任职条件；加强对具有签字权的会计人员的管理，增加对单位财务负责人、会计机构负责人（会计主管人员）实行备案制度的要求。

四是在法律责任部分，按照权责对等原则，进一步明确了会计违法行为的内容，并根据违法行为的动机、后果等，进行了适当分类，提高会计执法监管的可行性；完善会计责任体系，在现有行政责任、刑事责任的基础上，引入会计民事责任；加大违法处罚力度等。

（二）单位层面的措施

1.加大监督管理力度

在企业发展中，要从落实会计核算工作入手，发挥出监督管理职能，加大内外的监督力度。要积极开展内部监督，借助相关部门的优势设置相关监督岗位，监督人员要积极对财务数据进行监管，找出其中存在的不足，解决存在的问题；要发挥外部监督作用，确保企业会计核算的规范性，提高核算的科学性与真实性，实现规范化管理目标。

2.组建专业核算团队

在一些企业发展中，因专业财务人员数量不足，使得企业会计核算工作开展存在许多问题。因此，在发展中要积极开展团队建设，引入高素质人才，确保企业会计核算的顺利开展。首先，要成立专业部门，以综合素质高、专业能力强的人才为主，发挥出企业会计核算的优势。其次，要积极开展职业道德培训，提升工作人员的思想认识。最后，要引入先进考核办法，以此激发工作人员参与工作的欲望，提升竞争意识，确保核算工作的高效性。

3.完善财务会计管理制度

在企业会计核算中必须要做好内部制度的建设工作，只有保证各细节的合理性，才能确保工作人员能够在工作中坚持正确的工作态度，严格按照具体工作流程开展核算，提高核算的精准性。要完善管理制度，制度建设的目的就是要指导后续工作开展，所以当工作人员对制度重视度不足时，势必会影响到制度的作用发挥。因此，企业需要从各项制度入手，积极开展核算工作，保证核算工作的顺利进行，例如，可以开展交替监督，对各个环节进行细化管理，确保会计工作的标准化。在企业发展中要不断完善管理制度，结合企业的发展，对管理制度进行有效调整，满足工作的需要。

4.提高核算的科学性

企业要想实现长远发展目标，就必须要遵守相关的管理制度，避免随意更改工作顺序等，要结合企业的具体情况，确保账务工作质量，严禁出现遗漏等，提升企业会计核算的质量。还要保证管理的持续性，做好各细节管理，避免出现凭证不规范、账务不合理等问题。企业会计只有了解企业发展的实际情况，才能采取合理化核算方法，才能提升企业会计核算的效果，确保核算的精准性。

5.以奖惩机制促进企业发展

想要发挥出制度与规范作用，就必须要将制度与规范落实到具体工作中去，发挥出管理的优势。在企业发展中，对制度和规范执行力度往往受到企业精神、文化、奖惩机制等方面的影响，所以企业要想提高企业会计的核算质量，就必须从提升核算人员的工作积极性出发，以完善奖惩机制提升企业竞争氛围，确保工作人员能够承担自己的职责，避免工作中出现错误等。对于专业能力强的人才要给予一定的奖励，激发其工作积极性。要积极开展监督管理工作，鼓励相关人员不仅要完成自身的工作任务，也要实现互相监督、全面监督，营造良好工作氛围，确保企业的健康发展。

第四节　管理会计人才培养

管理会计是为了在向资源提供者反映资源受托管理情况，实现资源的优化配置，进而提高企业的生产效率、生产经济效果和经济效益。从事这一系列管理会计工作的相关人员被统称为管理会计师。在信息快速发展的时代，市场逐渐细分，企业的发展空间变大，生产成本不断降低，经济效益不断提高，促进了企业的可持续发展。管理会计师可以对企业生产和经营活动进行有效控制，创新会计管理机制，充分发挥会计的管理职能，促进企业转型升级。

一、管理会计人才稀缺的原因

（一）外部原因

一些企业高度注重产出，忽视了对管理会计人才的培养，大多数企业会因技术欠缺等原因不支持培养管理会计，仅通过控制成本来增加利润，严重阻碍了管理会计人才的发展。

（二）内部原因

第一，受外部因素影响，企业对管理会计人才的需求远小于对财务会计的需求，一些高校也会针对企业需要的人才去开设相应课程，忽视了对管理会计人才的培养。第二，缺乏完善的课程体系。由于管理会计专业出现在大众视野中的时间较短，很多高校尚未建立起能将理论与实践相结合的体系。第三，管理会计涉猎范围较广，相关人员既要学习成本核算、预算等知识，还要学习营运、管理等知识,加大了学习难度。

二、管理会计人才培养策略

财政部颁发的《会计改革与发展"十三五"规划纲要》明确提出:"争取在 3~5 年内,在全国培养出一批管理会计人才"。随后,更是直接将管理会计列为"行业急需紧缺人才",并明确提出"到 2020 年培养 3 万名精于理财、善于管理和决策的管理会计人才"的任务目标。我国会计队伍的建设偏重核算与信息解释型会计人才,而价值创造型管理会计人才严重缺乏,并且现有会计人员能力和素质参差不齐,缺少扎实的管理会计理论知识与实践经验,与价值创造型会计人员标准存在较大差距。相关人员必须积极转变思想,加强学习,以适应现代社会对财务人员的需求。

(一)管理会计人才能力水平需提升

财政部《关于全面推进管理会计体系建设的指导意见》明确了管理会计人才培养的方向,提出了以理论、指引、人才、信息化为主体,同时推动管理服务市场发展的"4+1"管理会计体系基本框架。如何在新经济常态下提升我国管理会计人才队伍水平,建立健全人才能力框架,完善认证制度,是管理会计发展的首要任务。

(二)管理会计需要全面的胜任能力

要满足管理会计的职能,企业必须为管理会计的岗位设定所需的胜任能力。除了基础的技能,如成本管理技术、管理会计工具知识、数据分析技巧以外，管理会计还需要具备一些不可缺少的胜任能力，如对潜在风险的认识、对战略选择的评估能力、把握宏观经济对企业的影响的能力等。

（三）在培养方式上要区别对待

针对管理会计人员所需的胜任能力，企业可以通过不同的培养方式来提升他们的能力。对于基础的胜任能力，企业可以通过让员工在职学习等方式来提升，如参与专业资格考试和组织内部培训等。对于能力类的胜任能力，大部分企业都会让员工通过加强工作中的学习和经验累积以提升能力，轮岗、暂调业务部门等方式也可以让管理会计人员更深入地理解企业的业务和不同部门的实际情况，导师制度更可以帮助管理会计人员在工作过程中获得更好的领悟。

（四）绩效考核有助于留住人才

企业可以根据管理会计的职能，与员工确定每年的工作目标及发展计划，作为年终考核的基准。研究结果显示，在大多数对员工进行绩效考核的企业中，员工的满意度都比较高。对于财务人员来说，他们追求的是长期的职业生涯规划。良好的人才培养计划，能够留住有潜质、有能力的员工，让他们为企业创造更大的价值。

三、管理会计人才队伍建设现状

（一）人才培养机制不完善

我国对管理会计的系统研究起步于从20世纪70年代,较国外起步较晚,管理会计人才培养体制机制还不完善。企业管理层缺乏对管理会计在运营中重要作用的认识，过分注重短期经营成果，部分企业管理层对管理会计持消极态度，这也影响了其在我国的推广步伐。

由于我国在管理会计深入运用方面起步晚，管理会计人员数量不足，而现代企业需要大量的管理会计高级人才，如何在较短时间内完成较多数量、较高素质人才的培养，成为当前需要解决的问题。高校作为人才培养的主体，承担了艰巨的任务并取得了显著的成绩，但仍然存在理论与实际应用脱钩的问题，导致培养的部分从业人员不能适应岗位的需求，高、精、尖人才严重缺乏。高校在管理会计课程设置、实践实训、师资队伍建设、教学投入等方面仍然需要大力改革。

（二）职业资格与继续教育管理不完善

我国目前没有完善的管理会计职业资格认证体系，缺乏权威体系的人才培养评价渠道，造成从业人员素质参差不齐，管理会计工作水平评价只能通过经营业绩模糊反应，无法取得可以量化的评审指标，从业人员通过自学、继续教育等方式获得零散的知识积累，其工作也无法获得组织或社会的认定认可，严重影响了从业人员自我能力提升的积极性。继续教育知识体系不规范、授课人员缺乏、认证制度未建立等，也成为管理会计人才队伍建设的瓶颈。

四、管理会计人才队伍建设的途径

（一）建立健全人才培养机制

我国已形成较为成熟的会计从业人员培养机制，从财政部到地方财政局，都有科学系统的培养路径，可以在沿用此渠道的基础上完善管理会计从业资格、职业技术等级、行业协会注册资格等类型考试，或者将管理会计职业资格与现行会计职业资格考试相融合。通过政策的倾斜，从政府主管部门层面自上而下加强对企事业单位财务管理层的培训与引导，企业的管理层要积极转变管理会计观念，提高管理会计在实际应用中的地位，单位可以建立统一领导、专人负责管理会计内控制度，选拔专门人才进行管理会计的推行与实施，实现与财务会计在职能层面的分离，以便于直接为决策层提供有效的数据。

我国目前对管理会计人才的培养主要采取以学历教育为主，继续教育作为补充，资格考试和提升培训并行的模式，高校作为人才培养工作的前沿阵地，应该积极承担教改工作，通过对典型企业的深入调查与研讨，充分凝聚行业专家、监管部门、科研院所等智慧与力量，改革现有课程体系，使其符合社会的需要。

（二）完善职业资格与继续教育机制

在国家层面，应尽快建立管理会计职业资格准入与评价体系，系统、科学地制定考试大纲和内容，严把准入门槛，切实提高从业人员的素质，以适应高速发展的社会经济需要。通过外引内培的方式提升人才队伍整体素质，编制与经济发展需要相适应的教材，从战略制定、预算控制、内部管理、成本控制、风险控制、信息技术、企业合并，以及绩效评估等决策层面丰富考试体系。可借鉴 CMA 考试模式，考试内容包括"财务规划、绩效与分析"和"战略财务管理"。财务规划、绩效与分析科目包含对外财务报告决策、预算与预测、绩效管理、成本管理、内部控制等。战略财务管理科目包含财务报表分析、企业财务、决策分析、风险管理、投资决策、职业道德。

第四章　管理会计的实践

第一节　嵌入区块链的跨组织管理会计研究

2019年10月，中共中央政治局就区块链技术发展现状和趋势进行第十八次集体学习。习近平总书记在主持学习时强调,区块链技术的集成应用在新的技术革新和产业变革中起着重要作用。我们要把区块链作为核心技术自主创新的重要突破口，明确主攻方向，加大投入力度，着力攻克一批关键核心技术，加快推动区块链技术和产业创新发展。

企业要抓住区块链技术融合、功能拓展、产业细分的契机，发挥区块链在促进数据共享、优化业务流程、降低运营成本、提升协同效率和建设可信体系等方面的作用。

作为一项新型互联网技术，区块链将具有普适性的底层技术框架嵌入跨组织管理会计中，凭借其分布式架构、去中心化、高度透明、不可篡改和可追溯等特性，可以为管理会计未来的发展提供信息支持，将依托庞大的分布式信息网络发挥巨大的创新能力。

一、主体结构和制度安排

传统的企业管理会计通常由其内部组织结构，诸如成本中心、收入中心、费用中心、投资中心、利润中心等形成逐级控制、层层负责的科层体系或矩阵式结构。阎达五曾指出，单个企业是集价值链信息和时间序列信息为一体的成本管理主体，但在市场化竞争不断加剧和跨组织合作的持续推进下，价值创造过程逐渐由组织内分工向跨组织的价值链分工转变。于富生和张敏进一步将价值链会计的管理主体扩展为具有层次性的核心企业和价值链联盟。此后，程宏伟等人的研究引入模块化理论，依据企业在价值链中的分工，将会计对象定位于价值模块。

嵌入区块链的跨组织管理会计正是趋向网络式和模块化的结构，是基于不同组织进行协调与合作的管理活动，突破了传统组织边界的局限，不再局限于单个企业的内部组织架构，而是扩展到有业务关联的跨组织的多个企业。如中化集团在应用区块链技术的成品油跨境贸易中，交易链条上所涉及的子企业、海关、银行等，均构成业务交易的主体。

因此，嵌入区块链后，各个业务主体都将作为一个分布式账簿，独立完成其任务，以不同区块为体现的各个业务主体之间也有相应的服务器负责记录与追踪，故跨组织管理会计和多主体业务交易模式将成为主流。

组织间的制度安排是保障跨组织主体间有序交易的基础。跨组织关系的基本特征是组织间具有信任关系，这种信任关系的实现将在区块链网络中得到极大保障。签订正式的合同往往是进行跨组织关系管理和控制的必要途径，即通过制度安排减少过度竞争和推动组织间合作。智能合约以一种嵌入式程序化合约为形态，是区块链的核心构成要素。它是一种以数字方式进行谈判、验证和执行的计算机协议，是嵌入区块链的跨组织管控的有效信任机制。

类似中化集团所涉及供应链多方主体交易的成品油进出口业务，可以利用区块链的智能合约功能，实现交易的自动执行，以及合约内容的传播、备份与记账，实现货物送达时的自动付款行为的发生，实现对全链路的物流信息的实时跟进。

此外，嵌入区块链的跨组织管理会计不再是出资者与经理人之间的游戏，而是体现在多业务主体之间的责任安排，在以区块链技术为支撑的跨组织管理会计系统中，区块链的实时核算、高透明度和高流动性会制约各方群体间的权力平衡，一旦有可疑资产转移或存在利益冲突的交易进行，各个群体均会立即发现。因此，区块链将重构各方的信任机制。

二、嵌入区块链的成本协同管理

以往的管理会计通常只注意到可量化的成本动因来进行成本管理，但跨组织合作的推进和产品复杂度的提高不断昭示成本管理所需信息的外化，诸如成本、预算、利润等传统会计类数字信息已无法满足成本的精细化和精确化管控，产品技术特点、客户需求、反应敏捷度等更为广泛的信息成为跨组织管理会计信息系统的新追求。

成本管理的制度和方法，的确要适应社会环境的变化与科学技术的发展。组织间成本管理作为一种跨组织边界进行的、基于不同组织协调与合作的成本协同管理活动，在嵌入区块链的底层支撑技术后，跨组织主体之间以各自独立的区块形式存在，更易于结构化地协调供应链或价值链上的活动，进而将单个企业的成本管理拓展到这笔业务的各个交易主体之间，实行单项成本的规划与控制，使得供应链的总体成本最小。

事实上，嵌入区块链的成本协同管理更多地体现为一种链式成本管理，它能够清晰地反映在供应链或价值链上，呈现出一笔业务或交易的总体成本在各个参与主体间进行的流转与分配。各个参与主体在区块链网络的信息共享也能够在一定程度上削减成本，跨组织间信息交流的增加可有效降低时间成本和交易成本，实现有效的成本协同管理。

以四川长虹的成本管理为例，在基于区块链技术的跨组织管理会计系统中，首先，应分析累积顾客价值的最终商品的各项作业，配合作业成本法建立作业中心，企业的每一个作业中心都作为一个区块而存在。各个区块环环相扣，一项作业到另一项作业的转移过程中，同时伴随着价值转移。这些作业活动数据将全部记录在区块链上，可供追溯与查看。也就是说，企业要先将目标成本分解到作业层次，通过组织内作业链改进，尽可能地消除不增值作业来降低供应链成本。其次，通过区块链网络，追踪所有资源费用到作业，再到流程、产品、分销渠道或客户等成本对象，加强组织间作业链改进，获取全口径、多维度、更准确的成本信息，进一步改进增值作业、改造作业链活动，提高生产效率，增加顾客价值和企业价值。

三、预测与决策分析

传统的管理会计信息系统通常局限于企业自身，数据在跨组织的各个主体间不能互联互通、无法整合，因此并不能为管理者提供充分的是否与其他企业形成跨组织合作关系的决策信息。而上游供应商的成本信息与下游客户的需求之间存在一定的差异，导致企业无法准确地知道各个产品的全部成本信息、利润流向信息和客户盈利信息。

在跨组织合作的环境下，企业经理人为了识别与分析企业的经营效率，既需要本企业的各项数据，又需要其他企业的参照数据。在区块链网络中，一笔业务的多方参与主体息息相关，所有参与主体的活动与资源均需纳入考虑。此外，在嵌入区块链的跨组织管理会计网络中，横向价值链管理对同类产品的生产在本企业与同行业竞争者之间的对比分析十分必要。基于区块链技术带来的公开透明的网络大环境，企业有机会通过链条获取不同竞争对手的生产信息，从而克服生产限制，确定最优的生产方案。

可见，在以大数据为依托的区块链网络中，企业不再局限于依赖自身的财务数据，如收入、费用、利润、现金流等对其经营状况进行判断，更多的是综合考虑与对比网络中其他区块的信息，以实现对企业自身的商业模式、核心竞争能力和企业持续创新能力的评估与把控。

正如四川长虹基于区块链的跨平台互联方案一样，在联盟链实现跨平台联动，要涉及运营服务平台、监管机构和检测机构等多个主体之间的数据与信息共享；而要实现以核心竞争能力和持续创新能力为内涵的企业价值提升，四川长虹所做的预测决策分析将不仅依赖于一般的财务会计信息，而是更多地依赖产业信息、资本市场信息、货币政策信息、供应链上下游信息、企业战略规划、业务交易、成本效益、技术研发和人力资本等各类信息。

显然，嵌入区块链的跨组织管理会计打破了各个独立组织间的信息孤岛弊端，区块链网络环境使得企业能够以更低的成本、更快的速度，以及更具针对性的方式，获得用于预测及决策的信息，利用区块链上的财务与非财务信息，有利于对价值链上下游企业与销售渠道的考察与重新选择，以及对同行业竞争对手的了解，以降低相关成本和费用，提高资金周转效率，形成企业的核心竞争力。

四、组织间合作的绩效评价

传统管理会计信息系统并没有给管理者提供足够的用于评价跨组织合作关系的信息,传统的供应链绩效评价多是从财务指标方面进行的。然而,跨组织合作关系超越了单个企业的组织边界范围,基于一个个相对独立的经济主体的组织内部所进行的传统绩效评价理念,难以为组织间合作的绩效评价提供理论支持。

组织间合作的绩效评价包括两个维度,即组织间合作创造的绩效和组织间合作为参与组织带来的贡献,而组织间的合作关系会受到跨组织的各个参与方间的目标一致性、信任水平,以及资源共享程度等因素的影响,进而影响组织间合作的绩效。

如果跨组织的不同主体在合作中面临组织整体利益与其自身利益相冲突的情况,基于交易成本经济学和代理理论,合伙人很有可能为了达成自己的某些目标,牺牲联盟的统一目标,从而造成组织间合作的协同效果降低。这种行为也导致了在传统的绩效评价中,很难对各个参与主体做出合理评价和分配。基于区块链的透明化操作可以抑制单个企业的投机行为,有利于对各参与方的实施成本、对组织整体的贡献等进行衡量,进而匹配成员组织的收益与贡献,实现对组织间合作的绩效评价的公允性。

第二节　供给侧结构性改革与管理会计研究

我国经济发展处于"新常态",习近平总书记深刻认识到当前我国经济"结构性问题最突出,矛盾的主要方面在供给侧",于是审时度势地提出了"供给侧结构性改革"的对策。我们说的供给侧结构性改革,既强调供给,又关注需求;既突出发展社会生产力,又注重完善生产关系;既发挥市场在资源配置中的决定性作用,又更好地发挥政府作用;既着眼当前,又立足长远。它以"供给"优化"需求",实现"供给"与"需求"的有机融合。管理会计是企业战略、业务、财务一体化最有效的工具,是供给侧结构性改革的微观基础。供给侧结构性改革促进管理会计创新,管理会计创新发展为供给侧结构性改革提供微观层面的实践支撑。

一、供给侧结构性改革

(一) 供给侧结构性改革的内涵

供给侧结构性改革对经济发展十分重要,它主要基于需求侧管理,是一种新概念、新思路。需求侧强调与经济短期增长息息相关的投资、消费、净出口,而供给侧的重点领域是劳动力、土地、资本和创新等,供给侧结构性改革以结构性问题促进改革,以改革方式推动结构调整,严格矫正要素配置不均匀的问题,确保供给结构可以更好地适应需求的变化,提高全要素生产率,推动经济社会可持续发展。

习近平总书记强调,推进供给侧结构性改革,要从生产端入手,重点是促进产能过剩有效化解，促进产业优化重组，降低企业成本，发展战略性新兴产业和现代服务业，增加公共产品和服务供给，提高供给结构对需求变化的适应性和灵活性。简言之，就是去产能、去库存、去杠杆、降成本、补短板。

我国的供给侧结构性改革能够更大范围地采用财政政策和货币政策，强力推动各种灵活有效的政策工具，加快改革的进程，优化需求，进一步融合供给与需求的价值效应。

（二）供给侧结构性改革的经济意义

供给侧结构性改革不是针对经济形势的临时性措施，而是面向全局的战略性部署。推进供给侧结构性改革，是依据我国社会经济的发展实践和国际政治环境的大趋势做出的重大战略部署，是我国"十三五"时期经济发展的着力点，是适应后国际金融危机时期综合国力竞争新形势的主动选择，供给侧结构性改革体现的是创新驱动的内在要求。

目前，我国大力促进供给侧结构性改革，持续提高供给的质量和效率，从而化解过剩产能，促进产业的健康发展。通过供给侧结构性改革，可以使劳动力、土地等生产成本在一定限度上减少，增加企业的竞争能力，提高其他生产要素的质量和数量。此外，应对供给侧结构性改革进行定向调控，推动企业组织与制度的创新，提高现有的生产能力，刺激企业增加供给的数量。同时，供给侧结构性改革鼓励并引导了新兴产业的发展，扶持了短板行业，促进企业加强对员工的专业培训，在一定程度上提高了劳动力的整体素质。

二、供给侧结构性改革对管理会计的影响

供给侧结构性改革对管理会计的影响，主要是通过企业价值创造模式的

变革，对管理会计在企业价值增值中的地位与作用产生诱导，进而对管理会计的三大内部结构，即价值增值、管理控制系统、信息支持系统产生冲击。

（一）对价值增值的影响

结合供给侧结构性改革，强化供给端建设，管理会计从理论与实践两个方面实施功能结构的优化和升级。

首先，应围绕企业消费拉动等手段改善自身的职能定位，引导各类消费向智能、绿色、健康、安全的方向转变，以扩大服务消费为重点带动消费结构升级。

其次，提升权变性功能，提高资源利用率，为国家层面的供给侧结构性改革提供支撑，化解管理会计价值增值中的低端化倾向，提升管理会计在企业价值创造中的地位与作用，实现最大限度的价值增值。

最后，借助于创新驱动，大力发展跨境电子商务等基于"互联网+"的新经济。转变传统财富观念，加快构建与新的财富创造价值体系相适应的管理会计价值增值目标体系。

（二）对管理控制系统的影响

围绕供给侧结构性改革的新形势，管理会计的控制系统应强化产业结构的优化，从供给端重新审视管理会计的结构特征，实现管理会计的链式价值管理向"互联网+"的网式价值管理模式转变。管理会计的控制系统应围绕"互联网+""双创""中国制造2015规划"等管理会计的供给端管理创新，进一步与经济新常态的经营环境相适应。无论是在宏观上，还是在微观上，创新驱动是发展的根本。因此，创新驱动是管理会计控制系统必须坚守的底线，应紧紧抓住供给侧结构性改革的机会，结合国家的减税等政策，修改或完善自身的管理会计政策或制度体系，努力转变观念，全面推进管理会计理论与方法体系在企业实践中的应用，并取得积极的成效。

（三）对信息支持系统的影响

传统的管理会计信息主要依赖于财务会计信息，缺乏灵活性、相关性，以及前馈控制，其预测过程的关注点是眼前的销售等收益状况，其管理方式是"推式"营销，在长期经营中将会导致企业面临严重的损失。为更好地适应市场与发展需求，应结合供给侧结构性改革，积极调整管理会计的信息系统结构，主动与ERP、XBRL等管理信息系统相衔接，围绕价值管理或价值创造的供给端情境优化信息支持系统，提高决策支持的效率与效果，提高与企业实践的相关性及有效性。信息支持系统与管理控制系统进一步融合，开发并应用与"互联网+"等相匹配的管理会计智能工具。

三、供给侧结构性改革背景下的管理会计创新

供给侧结构性改革是从结构入手，进而强化管理的一种方式，管理会计的供给端管理就是要优化管理会计价值管理的结构体系，扩展"价值"的内涵与外延，强化管理会计的控制系统和信息支持系统。

（一）改革供给侧产业链，促进企业经济价值增值

进入21世纪以来，我国处于"世界工厂"的盛名之下，但从全球价值链来看，我国一些企业处于中低端价值链区域，缺乏核心竞争力，国际竞争力

和话语权亟待提升。党的十八届五中全会强调应不断提高我国产业链的定位，促进产业转型升级。中央财经领导小组第十一次会议提出，要加大力度推动重点领域改革落地，加快推进对经济增长有重大牵引作用的国有企业、财税体制、金融体制等改革。将供给侧结构性改革的经济手段用于企业，能够有效丰富管理会计的价值内涵，并促进其向外延伸，同时也有助于改善管理会计价值增长本质。

管理会计应以增强经济可持续发展能力和提高企业核心竞争力为目标，通过企业的相关经营活动获取各项财务信息并加以深加工和整合分析，从而采取有效的策略控制成本，达到企业利润最大化与社会价值最大化的和谐统一。管理会计供给侧结构性改革可借鉴微观经济学的概念，通过统计、分析和差异性对比，采用量本利、差量、增量等分析方法，及时调整自身的经营管理策略，做出控制和防范决策，维护可持续发展，提高企业经济增加值。

（二）强化产业结构升级，完善内部控制创新发展

管理会计与内部控制的有机结合，能够提供满足管理者需求的各种信息，确保企业可持续发展。从管理会计的角度来看，能够发挥责任会计系统的监督实施作用，规划和控制企业内部责任，控制和强化供给侧结构性改革过程中规避风险的能力，追求企业价值的最大化。从内部控制的角度来看，目标成本管理理念的加入，促使管理会计的预测更趋于合理。内部控制对于各种风险的评价和测定，有利于管理会计加大控制力度，采取有效防范措施。同时，全员参与式的内部控制，能够促使管理会计有效、有序地贯穿于整个经营管理活动中，实现企业的经营目标。

（三）引入先进营销理念，健全先进信息辅助系统

依据供给侧结构性改革实际情况，适时调节管理会计信息系统结构，并将其与管理信息系统进行有效链接，将管理会计信息支持系统及管理会计控制系统有效结合，逐步开发管理会计智能工具。

基于供给侧结构性改革的管理会计信息支持系统应全面服务于经营管理，注重信息前馈机制效应及反馈机制效应。前馈机制与反馈机制是相对而言的，既具有排他性，又具有相互依存性，二者因控制论及系统论等而快速普及，使得诸多学科与会计管理学科逐渐融合。前馈机制是对脱离规范的行为施以防范的途径，反馈机制是对脱离规范行为施以反作用的治疗性途径，并据此设置路径。在实践中，应严格反向控制和把握，不断优化管理会计信息支持系统供给端管理，以便有效健全并进一步发展反馈机制于信息系统中的应用，并提高其职能作用。

第三节　基于阿米巴经营模式的管理会计研究

"阿米巴"，即阿米巴虫（Amoeba），在拉丁语中是单个原生体的意思，属原生动物变形虫科，因其身体可以向各个方向伸出伪足，使形体变化不定，故而得名"变形虫"。由于其极强的适应能力，在地球上存在了几十亿年，是地球上最古老、最具生命力和延续性的生物体。日本京瓷公司在稻盛和夫的领导下，在面对多次经济危机和金融风暴时，都能于逆境中得到发展。京瓷公司的经营方式与"阿米巴"的群体行为方式非常类似，专家学者们将其经

营方式称为"阿米巴经营"。在阿米巴经营方式下,企业组织也可以随着外部环境变化而不断"变形",成为较好地适应市场变化的灵活组织。

一、阿米巴经营模式

阿米巴经营模式是将企业划分为阿米巴单元,将外部市场机制引入内部,实行内部独立核算的方式,是将企业经营权下放的赋权管理模式,追求组织利益的最大化。

阿米巴经营模式提出的"以心经营""伙伴式经营"战略思想,倡导"培养经营人员、全员参与经营"理念,能够让全体企业成员都发挥出很好的管理素质和能力,充分调动员工的工作积极性和竞争力。按照企业的经营特点把企业分成不同的类型,再按照不同的类型将企业分成不同的组织,该组织具有独立经营和自主核算的特点。这样分类的组织相当于一个独立的核算系统,因为它需要核算明确的收入和明确的成本。推行"单位时间价值核算"体系,该体系就是衡量在单位时间中该企业所能创造的附加值,形成阿米巴经营模式特有的价值创造、价值评价、价值分配的闭环管理。

二、管理会计下的阿米巴经营模式

(一)售价还原成本法

阿米巴经营模式运用了售价还原法。当市场价格出现变化时,各个阿米巴就会传递即时的信息,各阿米巴内的员工就会使用各种方法来应对市场价格变化以降低成本,在一定程度上降低了企业的风险。在变动的市场下,企业无法控制市场价格,但是可以控制的是可控成本。如果企业的售价还原成本比市场平均水平低,企业的报酬率则将高于行业平均水平,在这种情况下,企业的竞争力就能很好地表现出来。

(二)单位时间核算制度

阿米巴经营模式在绩效考评时使用了单位时间核算制度,该阿米巴生产总值-人工成本以外的总费用=阿米巴总附加值;阿米巴总附加值/该阿米巴总劳动时间=阿米巴单位时间附加值。改善阿米巴单位核算制度的方法有增加阿米巴的利润、减少时间和降低成本等,进而提高了单位部门的工作效率。这种核算方式是基于每个阿米巴下的利润和成本,因此管理者可以更好地核算每个产品的成本,找到准确的成本动因,从而制定更好的生产决策来降低成本。企业的附加价值还可以通过单位时间核算表的计算来体现出,员工通过单位时间核算表,了解自己所在部门对社会做出的贡献,促使员工的工作态度更为积极,同时可以加强员工自身的企业责任感。

三、管理会计中阿米巴经营模式创新

以某集团公司为例,为贯彻"低成本高效率创造利润最大化"的原则,将阿米巴经营理念及管理方式应用于集团管理实践。集团从自身经营的实际出发,根据自身发展的特点构建形成了"精益小组经营制"的管理体制,将集团划分为多个最基本的经营单位,每个经营单位选一名负责人作为组长,然后将全集团的经营任务科学合理地分解到每个经营单位中的各个小组,每个小组的负责人全权负责自己职责范围内的各种经营管理工作,每个小组全权负责某一部分单元的小组任务。同时,在经营业务的流程方面,将预算控制方案的目的明确对接到资源的优化配置层面,从而在一定程度上有力地促进集团预算系统在实际应用方面做到了精准性。

(一)从微观入手带动全局

通过"精益小组经营制"的管理体制,该集团公司将集团目标任务分配给集团中的微观单元分别各自负责具体目标的会计计划的执行,以及后期对目标指标的核算与完成。按照信息化的方法对具体目标的会计计划进行考核,同时将个人的工作汇总为"考核表"和"份额占比表",明确个人具体的工作业绩,依据会计管理体制进行分解,并将具体的任务目标分配到微观层面,通过会计制度向各个具体任务个体进行下达。系统化的会计管理体制就微观目标的完成情况实施监督控制,形成了以会计系统带动全局整体的良性发展。考核标准实行统一的系统管理,如下所示。

(1)服务单价=(人工+各种费用)÷预订服务次数+单次利润

(2)单位时间附加值=收益÷工时=(收入-成本-费用)÷工时

(3)单位人力成本附加值=(收入-成本-费用)÷人力成本

(二)目标任务的合理传导

该集团公司通过在集团当中构建小组经营制度,能够使企业把集团目标通过以最小微观单元为基础实施了层次方面的分解,然后全面构建了以部门为单位的目标任务负责制,通过企业的会计系统负责监督落实,这样充分保障了企业对于整体目标的执行落实更加有效,从而有效地提高了企业在日常运营管理过程中的效率,并让企业的会计部门充分发挥了对经营管理的目标管理决策服务职能。集团公司通过产品线、项目、部门、员工等多维度,将集团目标再分配给不同的部门单元来完成，每一个单元都负责相应的任务，同时通过会计系统进行目标完成情况的监督与进度管理，在任务范围内赋予了每个小组充分的管理自治权，使其对业绩结果承担共同的责任。这样，通过把集团的计划目标进行层层分解，并落实到小组目标上，然后制定微观层面的控制措施与集团计划相吻合，就可以构建系统化的经营管理方案，实现集团目标任务的合理传导，从而让集团公司的计划在每一个最小单元中得到有效的贯彻执行。

第五章　数字经济时代对管理会计的影响

第一节　管理会计信息系统数字化

信息化是当今世界经济和社会发展的大趋势，为了降低企业中管理会计信息工作的成本，提高企业的经济效益，企业可以结合自身的发展需要和实际情况，在企业内部构建管理会计信息系统，这样不仅可以提高企业中信息服务的质量，还可以在很大程度上扩大信息服务的范围。

一、目标设计环节

（一）通过管理会计信息系统构建实现对企业全员的信息化服务

从企业管理会计信息系统所服务的对象角度来看，企业管理者需要的全部信息都应该被管理会计信息系统交互起来，这样才会尽可能地使企业内部有信息需求的人通过信息系统来获取不同种类的信息。也就是说，企业中会计信息系统为工作人员提供的服务范围具有全局性，所服务的对象则具有全员性。因此，管理会计信息系统的建立是将整个企业的稳定发展作为基础的，并不是单纯地给企业中的高层管理人员提供信息服务的。由于会计信息系统的主要功能就是为有信息需求的企业内部工作人员提供相关的信息，这就需要对企业中每一个会计管理部门和单元的信息需求进行全面的调查和了解，针对企业中不同层次、不同级别的管理者对信息的不同需求，管理会计信息系统就要对其需要的信息内容进行全面细致的梳理。

（二）通过管理会计信息系统构建可满足会计管理人员的信息需求

企业在进行管理会计信息系统构建的过程中，信息系统中的每一个与信息相关的主体及终端，都要在系统中成为相关信息的提供者及使用者。从根本上来说，企业中建立管理会计信息系统的目的就是在一定程度上降低信息服务的成本，同时还能够提高企业中信息服务和信息传播的质量及效率。需要注意的是，对于这个管理会计信息系统，应该尽可能地让每一个管理人员都成为对会计进行有效管理的信息终端。具体来讲，管理人员通过相关的管理工作得出信息和数据，然后将数据和信息输入到会计信息系统中，信息系统对这些信息进行整理和加工，如果其他管理者有相关的信息需求，那么信息系统就能够为其提供相应的信息服务，即提供管理者所需要的会计信息和数据。这样，企业中负责会计管理的工作人员的信息需求，就能够快速高效地得到满足。

二、遵循的原则

（一）遵循战略导向原则

企业在构建管理会计信息系统的过程中，要从管理会计工作的根本目的和本质要求出发，也就是要严格遵循战略导向原则。具体来讲，企业的战略方向是企业构建管理会计的基础，管理会计系统的核心价值就是为企业的发展提供连续的价值和动力，企业通过构建管理会计信息系统来促进可持续发展的实现。基于此，企业在进行管理会计信息系统的构建时，应该始终将企业的战略导向作为构建系统的重点之一，管理会计信息系统的发展应该与企业的战略导向相吻合。同时，管理会计信息系统还要具备关注企业中相关组织和部门绩效的功能，这样才能通过管理会计信息系统来实现对企业重要组织的有效控制，使其运行和发展与企业战略导向相吻合。

（二）遵循企业全员管理支持原则

企业的管理会计信息系统能够为各个责任单位、不同管理部门，甚至是企业中的每一个工作人员提供信息服务，责任单位、管理部门及企业全体工作人员要么是信息的提供者，要么是信息的使用者。管理会计信息系统可以应用到企业的不同部门中，或者是不同种类工作的环节和流程中。各部门要将工作环节和流程作为基础，还要应用一些管理会计工作中涉及的工具或方法，尽可能地实现财务和业务的结合，才能在日常工作中充分发挥管理会计信息系统的作用。在这种情况下，管理会计信息系统就能够得到进一步发展，管理会计信息系统在企业不同部门和工作中就能发挥更大的作用。

（三）遵循管理会计信息共享原则

从信息成本的专业理论角度来看，如果企业能在一定程度上降低信息工作所需资金成本，那么企业的经济效益就能够在很大程度上得到提高。管理会计信息系统在企业中运行的重要作用之一，就是尽可能地降低企业开展管理会计信息工作的资金成本及人力物力资源，还要提高管理会计信息的准确度和实效性，这是管理会计信息系统在企业发展中发挥较大作用的基础和前提。也就是说，要提高管理会计信息系统在企业中所发挥的作用，就必须完成管理会计信息的集成和共享工作。

工作人员完成了信息采集及数据整理、加工后，便将这些数据和信息全部储存到一个数据库当中，即使是管理信息的主体不同，当有相同的管理会计信息需要时，便可以通过信息系统来查询这些数据和信息，这就在很大程度上提高了信息服务的工作质量和工作效率。

三、构建管理会计信息系统的主要思路

（一）构建管理决策主体时应当以责任中心为单位

企业在进行管理会计信息系统构建的过程中，管理决策的主体就可以设置为企业内部工作和运行过程中的责任中心。也就是说，企业构建管理会计信息系统，应该将责任中心当作信息服务的主要对象，同时又要将其当作信息工作的单位。因此，企业构建管理会计信息系统时，应该将责任中心作为重点部分。

为了尽可能地在管理会计信息系统中实现信息系统目标，或者说为了尽

快实现信息服务的全员性,就必须使信息的主体及客体朝着标签化的方向发展,这样才有可能实现对企业中不同部门日常工作的信息化追踪,同时还能实现实时的监督和检测。在梳理企业管理会计工作体系时,企业首先要做的就是实现管理会计信息系统中信息主体的标签化发展,然后再将其投射到管理会计信息系统中。需要注意的是,在进行这项工作的过程中,应该对系统中的每一个工作人员所负责的管理单元进行投射。

(二)将管理会计信息系统的管理职能作为依据来分析主要作用

管理会计信息系统所包含的管理职能,就是指对企业中管理会计的相关工作环节和流程,以及管理活动来进行信息化的跟踪和监督,这样就能够对企业的管理活动进行信息化模拟,但前提是管理活动必须要实现信息的标签化。企业管理会计信息系统可以依据管理职能特征和特点,划分七个部分的环节和流程,这七个环节可以在企业管理会计信息系统中构成一个循环,一项管理会计的工作在完成了循环之后,这项工作才可以被认为是已经完成了。

(三)通过财务共享中心功能来对管理会计重要信息进行整理和共享

一般情况下,企业所构建的管理会计信息系统中的数据处理中心都是信息共享中心,对相关信息进行聚集并对信息进行共享,才能构成共享中心运行和工作的基本客观条件。在这个信息共享中心,要充分利用信息化手段打通用于信息交互的信息渠道,这样才能更好地实现企业不同部门间的管理会计信息沟通和交流,这些部门利用管理会计信息系统进行工作的质量和效率就能得到有效提高。

四、构建业财融合的系统模式

（一）以企业业务信息输入输出融合构建企业会计信息系统

企业的信息数据包括企业业务运作、企业交易记录、企业管理会计活动、企业内部数据报告、企业外部数据报告和企业业绩评价等。这些企业信息输入输出的有效融合，需要依托管理会计信息系统保证企业信息输入输出的正常有序，实现企业业务的运作高效。管理会计信息系统能在同一时间段保障企业业务运作各种信息同时分析、处理，实现企业输入输出信息的有效融合，而不是简单地汇集在一起提升企业的信息化水平。

（二）控制企业业务运作过程中的信息融合

企业在业务运作过程中，能否将财务信息，如企业财务分析、企业投资决策、企业财务报表信息等进行有效融合，直接关系到企业信息化的构建。因此，实现企业业务运作信息的融合，将企业战略管理会计、全面预算综合管理、经济增加值等贯穿于企业运作的全流程，才能保证企业科学地制定各种目标并准确分析执行，增加企业的经济价值，保障企业发展战略的实施。

（三）企业财务报表输出成果表达的融合

企业业务运作的情况是通过企业报表的形式反映出来的，依托企业财务报表可以了解企业业务运作的各个环节。随着信息化的发展，企业中各种信息逐渐被披露出来，这就使得企业对财务报表的要求更加严格，对财务报表的编制也更加严谨，财务报表输出的成果才能更客观地反映出企业各种信息融合的结果。企业依托财务报表输出成果表达的融合，促进了企业信息化的发展，促进管理会计信息系统的优化升级。

五、管理会计信息系统发展趋势

数据是重要的战略资源，也是管理会计应用的基础。有三类数据对管理会计具有应用价值：一是以收入、成本、利润、资产、负债等为代表的财务数据，二是与产品、客户、渠道、生产、研发等相关的业务数据，三是与企业所处行业相关的竞争环境、盈利模式、业务模式、客户消费模式等一系列内外部经营相关的外部大数据。受技术所限，传统管理会计所应用的数据主要局限于财务数据和部分业务数据，但其实社会大数据的价值早已获得普遍认可。

基于业财融合的管理会计系统，能够从交易源头上实时获取到内部各单位和外部供应商、客户等真实、完整、准确、口径一致的财务和业务热数据，汇合大数据技术采集到的海量外部热数据，实时写入到管理会计系统的多维数据库中，并通过数据捕获、数据智能解析、数据挖掘、数据治理、数据可视化展现等技术，成为清晰有序、有条理、有脉络的数据。这使得管理会计的应用获得前所未有的绝佳的数据基础支撑。当数据技术能够捕捉企业内外部所有数据，管理会计的价值将获得极大提升。实时化是市场环境对管理会计提出的新需求，也是新一代信息技术推动下管理会计应用创新的新发展。随着内存计算技术的进步，管理会计系统对数据处理的频度和速度正在不断加快。管理会计的预算、预测、成本分析、经营报告的频率，正在从过去以年、季度为基础，快速向以月、周、日，甚至是实时演进。

（一）场景化的管理会计应用

场景化的管理会计应用，即针对企业业务经营的具体场景开展的数据应用，例如，零售企业基于场景化应用开展区域单品的销售预测，房地产企业对所持有房产的价值分析，制造企业针对重点产品开展产销协同分析，服装企业依据某季服装销售额做出的库存或物流优化决策等。传统的管理会计更多地强调用数据支持企业决策，但在互联网环境下，管理会计将会更讲究赋能。这个赋能不仅仅是为企业管理赋能，更重要的是为业务运营赋能，这就需要管理会计能够实现从全面化到场景化的转变。

要用场景化而不是定制化的解决方案来消化客户的需求，场景化带动了生产、营销、教育、管理、金融等领域的场景化发展浪潮。场景化的管理会计应用顺势而生，引发了很多企业的极大关注和竞相探索。任何企业的管理都脱离不了实际场景的运用，理解场景是解决问题的前提，企业只有应用管理会计来解决一个个业务场景中的实际问题，管理会计才能真正做到为企业业务赋能，场景化是管理会计应用创新的必然趋势。

（二）运营化管理会计应用

随着全球经济的发展和企业管理的进步，经济波动的周期越来越短、越来越窄，企业所面对的经营环境变化越来越快，企业战略的能见度变得越来越低，这使得以企业整体战略为导向的中长期数据的准确性和有效性大大减弱。企业要想在激烈而又瞬息万变的市场环境中立于不败之地，就需要对市场前端变化做出更快的反应，这就从需求上推动了管理会计应用由战略化转向运营化。在数字化时代，企业数据的数量、质量、计算能力和分析能力均大幅提升，这就为管理会计和数据应用带来了更多的可能。以往，管理会计更多地用来支撑面向管理层的管理报告，对一线业务部门的赋能、对运营的支持相对较弱，原来的数据采集、数据整理、数据加工太慢了，业务化的信息也不充分，对业务运营的支持远远不够。而在新技术强大的计算速度和数据治理能力的加持下，管理会计与业务经营的融合更紧密。例如，在做销售、生产、供应链和研发创新时，未来的管理会计能够给予新产品研发、投资、决策和立项更多的数据支撑，这就是管理会计在应用中从支持大决策向支持业务决策的巨大转变。

（三）自动化管理会计应用

随着财务转型的加速，越来越多的企业开始设置专门的数据分析岗位。固定格式的分析图表和仪表盘，无法满足这些专业的数据分析人员对数据加工处理的需求，向IT人员提出分析需求等待开发报表也无法满足业务的要求，自助式分析逐渐成为企业数据分析应用的普遍需求。管理会计信息系统需要借助后台的多维数据模型，向数据分析人员提供更灵活的自助数据分析功能，让分析人员能够通过拖拽、点击等快速操作，在数据模型中对数据进行快速、多维度分析，并输出或者保存分析报表。

在自助分析方面，也可以利用语音或者文字交互，采用搜索引擎的方式向系统提问，系统理解问题并在后台数据库中探索数据，并以适当的形式呈现给用户。传统的分析工作需要靠人按照一定的路径对管理数据进行浏览和探索（下钻、旋转），与预算、经营目标对比来寻找数据异常，以发现经营和管理中的问题，并形成分析结论。这些重复性的工作（例行的日、周、月度分析报告）可以由系统利用自动化技术实现，释放分析人员查询数据的时间，让他们能更专注地把精力花在分析数据背后的原因上。

（四）智能化管理会计应用

人工智能的技术发展有三个阶段，即运算智能、感知智能和认知智能。运算智能让系统能存会算，感知智能让系统"能听会说，能看会认"，而认知智能让系统"能理解，会思考"，也就是可以联想推理。在管理会计领域，我们未来真正的挑战在于如何突破认知智能阶段。在这个阶段，系统要基于对管理科学的理解，进行规划、控制、预测和分析，给企业管理层更加精准、及时的决策分析依据，助力智能决策。

突破认知智能阶段依靠的是以机器学习为核心的智能技术。机器学习可以用来解决多变量、很难用一个规则来计算的计算模型，通过机器可以采集大量的预测参数，对数据的输出进行快速计算。基于机器学习技术，系统可以基于对业务知识的理解，进行科学预测、合理控制、智能分析，真正成为管理和财务人员的智能助手。结合自然语言处理、知识图谱、图像识别等前沿的人工智能技术，机器学习还可以帮助企业实现商业智能的升级，实现自助式数据分析平台（自助 BI），辅以移动化、协同化，打造融合战略规划、经营计划、开放式预算、滚动预算、经营预警到绩效管理等应用的，更易交互、更智能化的新一代智能管理平台。例如，企业运用内部运营数据（订单数量、投诉数量等）和外部数据（天气、社交网络情绪指数等）来训练机器学习模型，利用训练完成的模型对在线数据进行预测，从而让历史数据的静态分析变成一个动态的预测模型。利用这套工具提高数据科学研究的透明度、可重复性和可扩展性，让数据科学家能够更轻松地将动态的结果（比如广告活动的预测结果）推送给基于这些结果做决策的人，替代静态的历史数据报告。在管理会计领域，数据科学平台会给数据的使用者带来更好的用户体验，让管理者的业务决策信息更充分、更好地支持计划预算和经营预测。

随着移动化应用场景的增多，数据可视化的展现方式也变得多种多样，既有用于集体汇报时的大屏展示，也有针对不同管理者推送的个性化展示，让管理者随时随地都可以查看业务进展，洞察问题和发展趋势。管理会计的数据层是基于业财打通、内外打通的数据系统，是一个共同赋能管理和业务的全新体系。

第二节 数字经济背景下管理会计的转型

管理会计是在有整体目标的情况下，对企业的投资（资产购置，目的在于增值、获利）、筹资（筹集资金，即资本的融通）、营运资金（主要指能够灵活运用的现金流量）、利润（投资贸易等经济行为产生的回报）等进行管理和分配的工作。当前社会已经进入数字经济时代，企业的财务管理工作模式需要与时俱进，将管理会计工作与计算机运用相结合，在计算机的准确运行中，有效地对企业的财务工作进行高质量的管理。企业管理会计转型是对管理会计人员的一种挑战，同时也给企业发展带来重大机遇。管理会计人员应不断加强学习，了解业务的新模式，高层人员必须通盘考虑，顺利完成企业管理会计的转型。

一、企业管理会计转型中需要考虑数字经济发展趋势

数字经济有几个典型的发展趋势，对企业而言，如果对这些趋势缺乏重视，即使企业的体量再大，也可能在短时间内迅速"房倒屋塌"。在企业管

会计转型中，出现的数字经济发展趋势如下。

（一）产品及配套服务的更新周期缩短

随着消费者需求的不断变化、竞争对手层出不穷，企业的很多产品及配套服务的更新周期缩短。因此，企业必须在最短的时间内对市场未来一段时间的整体发展走向进行预估，从而以最快的速度制定发展战略。例如，在2010年前后，由于对智能手机的发展前景做出了错误的预估，诺基亚的全球第一大手机生产商地位在极短时间内便被取代，自此之后，诺基亚再不复昔日的荣光。

在制定发展战略的同时，企业的相关财务信息需要在一定程度上向市场披露，例如腾讯已经成为我国乃至世界的互联网巨头，在初期的"扩张阶段"，它收购了很多中小规模的互联网企业，将诸多网络游戏、应用服务专利等收归到自己的旗下，进而开发出相似的产品。面对此种情况，不乏知名人士预言"这种模式维持不了多长时间"，但真实的财报数据是不能骗人的。

多年来，腾讯将每个季度的营收情况、同比增收幅度等均面向社会披露。在经济总产值持续上涨的情况下，社会各界的投资者普遍对腾讯抱有信心，所以腾讯的股价水涨船高。在几乎无需考虑资金来源（投资者众多）的前提下，腾讯的商业版图已经扩展到多个领域。

（二）跨企业跨领域的合作已成为主流选择

得益于信息技术的发展，社会各界合作沟通的信息成本已经大幅度降低，广泛、低成本的合作已经成为现实。在新的经营项目出现之后，企业的财报数据同样应该有所调整，目的在于使社会公众产生诸如"这家企业的现代化、数字化建设程度较高且眼光长远，发展前景良好"的印象，最终在多个方面予以支持。例如，华为公司多年来坚持不上市，且其财报数据显示，每年应用于科研（研发完全由中国人掌握自主知识产权的高新科技技术）的资金占其全年总收入的10%以上。该结果令国人认为，华为是民族良心企业，在爱国主义的浪潮下，在同等价位的产品中，越来越多的人放弃了国外竞品，转而选择华为的产品。

综上所述，在数字经济时代，企业的眼光格局应该放长远，管理会计工作转型应该紧跟企业的发展，使财务工作具有"外向性"，帮助企业做大做强。

二、数字经济背景下企业管理会计转型的路径

（一）全面提升对财务数字化管理的认知程度

在数字经济背景下，企业在进行管理会计工作转型之前，其高层管理人员应该全面提高对"财务数字化管理"的认知水平，必须十分明确转型之后应该在哪些方面有所提升。换言之，管理会计模式数字化转型的过程是建立在"单位初期的准备工作已经全部就绪，当前先进的（数字化）业务开展模式与落后管理会计制度之间已经不再契合，必须完成管理会计模式的数字化升级"的基础上的。如果这个前提不成立，那么企业就不应转型，更不能"看到别的企业正在进行财务工作模式转型，我们也跟着转型"，盲从的后果对企业的后续发展毫无益处。因此，企业的领导需要对数字经济时代的特性及当前时代财务数字化管理的模式进行深入学习，对转型期间、转型后相关工作应该呈现出的面貌进行系统性的规划。

具体而言，管理会计工作服务企业的整体利益，即企业进行数字化建设

时，管理会计工作同样应该探索数据标准化、系统同构化、流程自动化、服务智能化的相关建设。其中，数据标准化需要结合云计算的相关要求，使企业多个部门、多个子系统的财务数据与总系统中的数据一一对应。此外，云端存储技术已经得到了广泛应用，各大企业都从互联网服务商处订购该项服务。企业多个子系统上传的财报数据、企业发展相关信息均应成为标准化数据，且在综合考量企业发展情况的过程中，数据标准化的实现程度需要放在十分重要的位置。

总体而言，企业管理会计数字化转型的特征在于：第一，多个子系统间的数据（特别是财报数据）应该在云端形成有效衔接，进而帮助系统更加集中，保证数据信息实时互通。第二，"业财一体化"是现代企业数字化发展的必备体系，需要单位内部设有财务共享服务中心，取代传统的基于ERP模式的会计核算系统，进而在数据采集、展示、加工等方面完成全面升级。如此，企业管理会计方面的成本投入会降低，财报数据及资金应用都会得到"追踪"，可有效地提高工作效率。

总之，企业的管理会计工作转型并不是随随便便就能够成功的，需要进行全面考量、系统性规划后，方可逐步"挺进"。

（二）制定应对财务数字化管理转型可能出现风险的方案

1. 转型期间，财务人员可能会受到影响

企业财务数字化管理转型期间，面临的首要风险源于管理会计人员方面。数字经济时代，跨领域、多领域的融合几乎无处不在。在传统的财务工作中，财会人员只需掌握少量的计算机操作知识，能够简单地制作财务报表即可；但在数字经济时代，财务人员除了要掌握财会专业的知识以外，还需掌握智

能财会管理软件的基础操作和运维知识，能够在线上对企业总部、各子企业的财报数据进行整合。面对这些新增的工作要求和压力，财务人员可能会出现一些不适应，若企业管理人员没有提前制定应对机制，未能帮助财务人员度过"转型期"，则企业管理会计工作的转型便有可能受到影响。

2. 管理会计工作流程转变导致的风险

企业管理会计工作转型应该具备全面性和系统性，如果在工作流程方面依然保持原貌，那实际上便是一种"换汤不换药"的行为，所谓的数字化转型只能停留在表面上，没有任何实际意义。进行改革后，管理会计工作流程从传统的纸质报表上传数据，改为经由智能管理系统实时向云端上传数据，若因相关培训不到位而引发混乱，则在一段时期内，企业的管理会计工作极有可能会陷入停滞状态，进而造成不小的损失。总之，企业必须做好应对管理会计工作流程转变带来的风险。

3. 知识层面及配套资金使用层面面临的风险

大数据、物联网、云技术、人工智能都是数字经济时代的重要技术，也许一夜之间，市场中便会出现新的产品。因此，现代企业在转型的过程中，所有人员的知识储备量必须逐渐递增。为达到这个目的，定期的培训是必不可少的，而知识本身的传递及配套设施的购置等需要资金的支持，企业必须做好相关成本支出的预算编制工作，避免因资金不足而导致数字化转型的停滞。

4. 转型中企业领导决心方面的波动风险

领导者之所以成为企业的领航者，原因在于其具备普通员工不具备的远见卓识及决策魄力，特别是在关键节点，领导者必须坚定自己的信念，必须抱定"我们一定会成功"的念头。基于企业管理会计工作的重要性，由于目前对于数字化转型过程及相关结果没有过多的参考方案，一旦在转型过程中遇到困难，领导者不可轻易地动摇改革的决心。企业各级领导需要充分收集案例，对转型过程中出现的诸多困难进行深入了解，并及时进行指导和方案调整，尽量掌控管理会计转型的过程，以便顺利地完成转型。

三、企业财务数字化管理转型过程中应遵循的原则

（一）统一规划，分步实施

管理会计数字化转型过程耗时存在不确定性，可能存在耗时很久也没有效果的情况，也可能经过短暂的调整便达到全面建成的效果，其中的关键因素在于是否遵循"统一规划、分步实施"的原则。

统一规划指以下方面：第一，管理会计朝着数字化转型并不是单独进行的，而是需要与企业一起转型。第二，管理会计数字化转型的目的是更好地服务于企业经营业务的开展，使业务经营流程有配套的数字化、智能化财务支撑。

分步实施是指以下方面：在明确上述要素之后，企业管理会计转型的方向及框架便搭建完成，然后需要分步实施。第一，组织管理会计人员进行数字化作业培训，会计至少应该掌握智能管理会计软件、总系统－子系统的数据上报和汇总机制等知识，并注意权限赋予之类的问题。第二，企业的部分财报数据需要定期面向社会披露，但这些数据不能涉及商业机密。因此，有关人员的操作权限、访问权限设定均需十分精确，不可混淆。

（二）精简业务流程，优化管理

在业务开展方面与管理会计有关的内容是，可通过引入全面预算管理体

系等方式，重新界定业务开展期间的资金使用流程。一个项目通过审批之后，从放款开始，到项目开展期间的资金消耗情况，均需由专门的财务人员进行追踪，对于消耗的每笔资金，智能管理系统均会清晰记录。如此，就可以杜绝传统管理会计工作中"模糊不清"的问题，提升企业管理会计水平。

（三）转变财务职能

为满足数字经济时代管理会计的各项要求，现阶段的企业组织结构分别由线上和线下两种形态构成。从企业管理会计角度分析，组织结构形态变化可帮助企业管理层更全面地掌握自身的实际生产经营情况，因此对企业实体经营和线上平台交易管理工作提出了更高的要求。管理会计范围不仅涉及整个产业链，对于风险的科学防控也要高度重视。企业在财务数字化管理转型的过程中，需要遵循财务职能迎合时代转变的原则，为企业加强内部管理会计及风险防控提供基础保障。与此同时，就财务部门而言，需要加强对交易平台上资金流动情况的实时监控，特别是对各种风险隐患，要做好突发风险预案，避免造成经济损失。

（四）财务手段信息化

随着企业的发展，必然会产生大量的财务数据，在一定程度上降低了财务信息收集与整合的效率，无法体现交易数据利用的时效性。因此，在企业财务数字化管理转型的过程中，应遵循财务手段信息化原则，合理运用现代化信息技术，以加强价值管理为重心，实现科学化、精细化管理，既能加快财务数据的处理速度，也能及时反馈各种财务信息，为企业决策提供参考依据，有效规避决策失误的风险。另外，财务手段信息化发展，不仅能够缓解财务人员的工作压力，又能为会计核算工作提供便利，进一步凸显财务预测的实际作用和价值，提升管理会计工作的效率和质量，全面管控财务数据，充分利益财务数据分析企业所处不同阶段的经营情况，为制定战略规划和方案提供有价值的参考依据。

在数字经济时代，企业管理会计工作全面转型是必然趋势，无论是主动转型，还是被迫转型，终归要完成"财务透明化管理"的建设。此种情况之所以具有普遍性，原因在于数字经济时代的特性——在大数据分析技术下，除了极少数机密之外，与大众息息相关的信息不公开、不透明的行为（如企业一个周期内的资金使用情况、收益情况等）都不会受到社会大众的支持。因此，企事业单位必须顺应时代大势，提前做好全面准备，进而顺利完成管理会计工作的转型。

第三节　数字经济背景下企业管理会计模式创新

随着社会的不断发展，科学技术不断创新和发展，改变了人们的生活习惯和生活方式，也给企业的发展带来了挑战和机遇。一方面，信息技术的不断发展，使得企业的生产制造向着智能化、规范化发展，企业的管理会计也需要做出适当调整，以顺应时代的发展；另一方面，信息技术的引入，使得企业的生产效率得到提高，打破了传统的销售模式，企业在经营方面变得更加便捷和开放。

一、数字经济对企业管理会计模式的影响

数字经济是人类通过大数据（数字化的知识与信息）的识别—选择—过滤—存储—使用，引导、实现资源的快速优化配置与再生，实现经济高质量发展的经济形态。数字经济的运用，有利于企业提高生产效率，其中，数据是最为重要的一环，数据是企业的隐性资产，同时体现着企业的发展水平。管理会计是企业的重要方面，在数字经济的新时代，企业需要与时俱进，调整企业的管理模式、调整管理会计模式，以促进企业的发展。

（一）企业管理会计要提升对互联网经济的关注

企业管理会计除了要对传统实体经济关注外，还应该提升对互联网经济环境的关注程度。在数字经济中，企业管理会计应正确对待数字资源，不仅要对数字资源的获取、消耗，以及产出价值进行核算，还要加强对整个供应链的管理，从而提升其价值。互联网技术的发展，催生了数字金融，为企业融资和投资拓展了新的平台，为企业资金结算搭建了一种高效快速的网络平台，并且涌现出一大批互联网数字和数据生产服务企业。相较于传统企业，新型企业的组织形式发生了质的改变，企业结构灵活，生产经营和服务的扁平化趋势明显，这就需要企业顺应数字化经济发展趋势，进行管理会计的变革。

（二）数字经济背景使企业的经营主体发生改变

数字经济的背景使得企业的经营主体发生改变，不再以实体组织为主，改而使用数字化管理，更加方便、快捷。数字经济下的管理会计，主体不仅包括实体组织，同时增加虚拟组织、线上线下结合、平台化、生态化组织等

模式。其中，虚拟组织与传统企业有着很大的区别，该类企业具有流动性、灵活性的特点，在运行过程中通过互联网、物联网等平台，使各个企业或者企业联盟形成一个供应链体系。从事提供数据生产和供应服务的企业，不会从事实体物质产品的生产经营，而是依靠数字信息和知识技术来创造价值。管理会计主体的多元化发展，要求管理会计模式也发生转变。

（三）管理会计应注重对资金、物流和信息流的管理

在数字经济背景下，管理会计的对象不仅包含传统的资金、物流，还应注重对信息流的管理。在企业的经营活动中，资金、物流及信息流三者要同时工作，企业经营者可以通过网络对财务部门的信息进行查看，便于管理。

（四）数字经济背景下管理会计更加信息化和网络化

企业的管理会计工作不只是利用计量和内部管理的方式进行核算，更加注重和强调财务分析与决策。传统的管理会计模式主要由财会人员进行财务数据和报表信息的整理，存在一定的人为因素，导致财务分析和财务决策存在偏差的可能，并且个别企业甚至会出现造假的现象。在数字经济背景下，管理会计更加信息化和网络化，可以有效避免虚假业务的出现，也会给财务工作带来便利。

二、数字经济背景下企业管理会计中存在的问题

（一）管理会计理念不能与时俱进

在数字经济时代下，不应继续坚持传统的管理会计理念，应根据需要进

行变革。现阶段的管理会计工作正在向着多元化发展,不再是传统的单一核算职能,而是要在确保数据精准的前提下,对数据进行科学分析,利用数据为企业提供合理的建议及理论依据,从而引导决策者做出正确、科学的决策,促使企业更好地发展。而现如今,仍有部分企业采用传统的管理会计方式,不能与时俱进,没有将资源进行合理的分配,容易出现一些问题,从而制约企业的健康发展。

(二)人员素质水平有待提高

在数字经济时代,为促进企业的发展,需要提高管理会计的水平。目前,一些企业的会计人员的水平还有待提高,管理会计不仅要掌握基本的技能及扎实的专业基础,还要了解信息技术的发展状况,合理运用相关的信息技术,才能促进工作效率的提高。

(三)在信息交换方面出现信息孤岛现象

部分企业对于管理会计信息仍有所保留,不能很好地做到信息共享,一些企业只是做好表面工作,并未做到表里如一,在信息交换方面仍存在一些问题,导致信息链断裂,出现信息孤岛现象。这一现象的出现原因有两点,一是没有做到信息公开、透明;二是企业不能恰到好处地与其他系统融合,缺乏自身的特色,没有辨识度,不能很好地体现本企业的文化特色,无法及时有效地更新企业的管理会计信息。

三、信息技术发展条件下管理会计的有效措施

（一）运用信息技术提高企业管理会计工作效率

信息技术的不断发展，对于企业来说是把双刃剑，机遇与挑战并存，企业要抓住机遇寻求发展，要依据企业的实际情况对企业管理会计做出调整，虚心学习数字经济和信息技术，将网络资源的优势发挥到最大程度。在信息技术飞速发展的新时代，企业要善于发现自身特点和优势，寻找适合自身的发展特点路径，进行有针对性的改革。传统的管理会计模式需要消耗大量的人力、物力，容易造成资源浪费，且工作效率较低；数字经济背景下的管理会计模式减少人力和物力的消耗，将资源进行合理的分配，企业的生产力水平得到提高，并充分利用网络资源实现了管理会计数字化，提高了工作效率，从而带动企业的高速发展。

（二）基于智能技术改善企业管理会计模式

在数字化时代，各企业都紧抓时机加快自身的数字化进程。管理会计是企业的重要方面，是链接企业各部门的枢纽，因此实现各环节间的智能协调，促进企业间的联系，可为管理会计的智能化奠定基础。

信息技术的发展推动智能技术的发展，使得企业数字化加快，推进企业的发展。技术是企业的核心资源，是一个企业发展的不竭动力，企业将数字技术应用于新技术的开发，有利于节约资源，提高工作效率。同时，企业要改善管理模式，充分利用大数据技术对数据进行精确的处理，做出合理的分析，帮助企业合理定位发展方向。企业依据自身实践调整管理会计模式，一方面对企业内部的开销进行管理，以节约成本；另一方面，有助于企业内部

管理模块的升级，实现财务数据共享，促进企业间的互帮互助，提高工作质量和工作效率。

（三）实现企业数据化优化管理会计模式

实现企业管理会计的数据化，能够有效地满足虚拟经济的发展需要，在线上获取数据更加便捷。企业通过互联网、物联网等获取数据，将数据进行整理分类，做出科学的计算，给出严格的报告，为企业决策提供依据。数据是企业管理的重要方面，科学、合理的数据管理，能促进企业竞争力的提高，因此企业要不断优化管理会计模式，加大投入力度，提高管理人员的素质，进而促使企业的发展。

（四）创新企业管理会计模式的优化策略

新时代是科技不断发展的时代，是信息化时代，也是数字化时代。为顺应时代的发展，企业需要改进管理会计模式，不断加强网络基础设施建设，只有完善的网络系统，才能够支持数字化、智慧化管理会计工作。部分网络基础设施水平较差的企业，首先，应加大软件和硬件基础设施的投入力度，初步实现财务数字化系统建设。然后，结合企业特色，制定具有个性化的企业管理会计系统。最后，企业要在大数据、云计算等技术的支持下，建立全新的管理会计模式，确保企业管理会计模式符合时代的发展要求。

在数字经济背景下，企业要消除贸易本土化的壁垒。一方面，市场的开发程度越来越高，数据信息的流动性增强，企业应做好信息安全管理工作；另一方面，企业要制定完善的管理会计规章制度，改变传统的管理会计模式，利用管理会计系统为消费者提供舒适的服务，提高消费者的体验感和满足感，促进企业的长足发展。

企业要始终确保网络信息的安全性，数字技术、云计算技术的应用虽然能够大幅度提升企业管理会计的成效，但企业一定要重视信息安全，一旦系统出现安全漏洞，将可能会导致企业的重要信息泄露，造成重大损失。因此，企业要重视网络安全，确保企业管理会计信息化数据安全。此外，政府应给予一定的政策和资金支持，积极引导企业进行科技创新，并联合本地区的金融机构和信息技术机构，给企业提供一些资金和技术支持，加快企业的数字化转型。

企业的发展要顺应市场需求，这就需要企业加强人才队伍建设，建立完善的培训机制，提升财务人员的专业知识和信息技术水平。同时，不断优化内部管理会计体制，制定个性化管理会计体系，将大数据、云计算技术融入企业日常运营活动中，加强企业信息流管控。企业还要加强网络安全管理，促进企业信息透明化、共享化，降低企业经营风险。此外，企业要贯彻和落实管理会计系统智能化、数字化建设，为企业的可持续发展打下坚实的基础。

第六章 企业管理会计智能化

第一节 企业管理会计智能化发展

在当今社会，随着科学技术的不断进步，人工智能技术开始广泛应用于工作和生活中。我国的企业已经普遍应用计算机系统进行企业管理，其借助智能化、网络化技术进行的管理，使得企业的发展更加快捷，可以更高效率地完成工作。智能会计作为推动经济发展的重要技术之一，可以有效地推动企业财务高质量的发展，提高企业人员的工作质量和工作效率。当然，这就要求企业的财务人员不断加强学习，更好地开展管理会计的智能化应用。

一、管理会计的应用简述

管理会计是企业内部会计和管理相结合形成的，是随着社会经济发展而发展的企业内部行为。管理会计的应用最早始于国外，他们就企业的财务相关资料进行了整理和分析，并在提取整合后，将其应用于企业管理，有效实现了对企业的财务管理。管理会计主要为企业财务管理者提供日常业务目标管理决策。

管理会计的形成最终目标是通过对大量数据的剖析处理，给企业管理者提供决策性参考依据，带领企业在财务管理中做出正确的决定，一方面可以提高企业的工作效率，另一方面可以增加企业的经济效益。从企业的长远发展来看，管理会计应用有着十分重要的作用。

第一，管理会计为企业提供了大量的财务管理信息。企业发展需要大量的数据分析信息，要对这些数据进行分析整合，并结合自身实际，构建企业的财务管理体制。企业通过对信息的加工整理，实现对实际财务管理的规划控制，帮助企业管理者做出合理、正确的决策。

第二，管理会计可以让企业清晰地认识到自身的优势和劣势，从而帮助企业在激烈的市场竞争环境下，快速、准确地提出应对决策。

第三，管理会计可以有效地帮助企业管理者及时、全面地了解企业内部的相关信息，充分掌握企业财务管理的基础资料，便于企业管理者对企业发展做出关键性决策，引导管理人员制定正确的应对措施，提升企业管理者的管理能力，提高工作人员的工作质量及工作效率。

第四，企业管理会计的有效应用，可以帮助企业科学地提出应对方案、措施和决策，保障企业的稳定发展，以最优化的原则进行企业财务管理，不断提升企业的内部管理能力，同时也为企业创造外部竞争的有利条件。因此，企业管理会计的应用，在企业的发展中有着非常重要的意义。

二、影响企业管理会计发展的原因

（一）企业管理者对管理会计的重视程度不够

很多现代企业受到传统的企业管理模式的影响，未能及时转变企业的管理模式，而企业对管理会计的应用程度不够、不全面，许多企业管理者未能认识到新型管理会计对企业发展的重要性。

一些企业对管理会计的认识还停留在表面,他们认为在实际应用中管理会计不可能有效地解决企业的财务危机,无法推进企业的发展,甚至有的企业认为管理会计是空谈发展,没有实际应用价值。还有的企业发展目标短浅,未能意识到管理会计对未来企业发展起到的积极作用;企业只看到短暂性收益,未对后期发展建设做出规划;甚至有的企业不想增加成本来建设内部管理体系,对管理会计没有信心。

(二)管理会计应用的普及率低

在不断发展的社会经济下,科学技术也在不断发展,智能化、信息化技术在发展中的作用越来越重要。然而,企业接受新型管理模式的能力和水平参差不齐,许多企业仅看到眼前的效益,安于现状,不愿意尝试新型的管理模式,不去主动了解管理会计的内容。更多的企业依赖于传统的财务管理模式,不重视管理会计的应用,对管理会计的期望值不高。

随着市场经济的快速发展,企业的管理人员未能直观有效地体会到管理会计对企业发展的实际效果,认为管理会计应用缺乏实用性,使得管理会计在企业中得不到很好的应用,导致管理会计的应用和普及速度较缓慢,管理会计的效能未能很好地体现。

(三)管理会计应用的融入性差

虽然现代企业在不断学习优秀企业的管理模式,但只是追求利益的最大化,未能深入了解企业模式对企业的影响,对企业未来的发展没有长远的规划,仅靠近期利润增收来支撑企业的发展。

在长期性的传统管理模式下，企业形成自有的管理方式后，很多管理者就不愿意再去接受新的理念，墨守成规，依靠陈旧的理念来管理企业，使管理会计应用难以融入企业的管理中。即便是有的企业尝试着应用管理会计，但因自身的实力和管理能力的不足，企业对管理会计的信任度不高，也导致管理会计无法在企业中得到较好的应用。

（四）管理者的综合能力较差

管理会计能提供较全面的基础数据，直观便捷地提取关键信息，给企业管理者带来很大的方便，也有助于管理者做出合理、正确、有效的决策。企业的管理者对管理会计的重要性认识不足，对管理会计工作缺乏关注度，导致企业财会管理人员观念陈旧，管理会计知识浅薄、应用能力不高。

管理会计的应用体现企业管理者的综合能力，管理者的综合素质影响着企业的决策方向，然而有的管理者工作能力不足，未能较好地应用管理会计，在企业遇到问题、不能做出正确的决策时，就将过错都归咎于管理会计，这也是管理会计在企业应用中未能得到广泛应用的原因。

（五）企业的管理体系不健全

企业的管理体系不健全影响着管理会计的发展，管理会计的应用需要一个完善的管理体系来延续。管理会计的形成最终目标是通过对大量数据的剖析处理，给企业管理者提供决策性参考依据，推动企业的正常发展。企业在应用管理会计时，如果自身的管理体系不健全、管理模式混乱，企业的发展与管理会计不能有效融合，会对企业决策的落实产生重大的影响。

企业的内部管理缺失健全的规章制度和完善的管理机制，也会阻碍企业管理会计的发展。如果企业缺乏合理有效的管理制度，拥有不完善的企业文化，是不能将管理会计的优势体现出来的，所以也就造成很多企业的管理者对管理会计应用的不信任。

三、智能会计时代下管理会计应用的新途径

通过以上对企业管理会计应用的分析，可以发现管理会计在企业发展中的应用存在一些限制、受到很多影响。基于以上的分析，应从以下几个方面来推动管理会计应用的效能发挥。

（一）推动会计职能的转变

我国一些企业对管理会计的应用能力还有所欠缺，接收能力与消化能力还有待加强。如果想要实现管理会计功能的全面、有效发挥，就应当加强对企业会计职能的深入了解，积极促进会计职能的转变。

管理会计和传统会计在财务管理工作中是存在一定差别的。管理会计对企业管理有着深远的意义，更加注重企业管理人员能力的提升。管理会计的出现，在一定程度上推动了企业的发展，企业管理者只有充分认识到管理会计在企业发展中的重要地位，充分利用管理会计，使管理会计更好地与企业管理融为一体，才能使管理会计发挥更大的效能。

（二）注重管理人员业务水平的培养

企业的发展离不开人才的培养，企业应当注重培养高素质的财务管理人员，选拔有能力的财务管理人员和从业人员，给其提供学习的机会，组织开

展培训工作,规范财务人员的财务管理,提高工作人员的业务水平。将理论与实践相结合,对那些应用管理会计效果较好的企业管理案例进行分析、为我所用,全面提升管理人员的综合素质。

企业要想减少财务风险,就要提高财务人员的综合素质,不断增强财务人员业务能力。在人才方面,要通过严格的筛选,选择适合企业发展的人才,注重对其能力的培养,且在年底对其工作进行考核。实行奖励机制,这在一定程度上可以激励财务人员更有效地完成财务管理工作。财务人员要增强学习的主动性,及时应用与分享新知识,积极地工作,更好地促进企业的发展。

(三)建立健全企业的管理机制

现代社会的发展离不开智能化建设,管理会计与互联网的联系也越来越密切。加强企业的会计管理,建立健全内控管理机制,是企业自身发展的需要,也是企业面对市场竞争的需要。企业只有根据自身的实际状况,制定满足管理需要的内部控制制度,企业全体员工严格遵守这个制度,才能促进企业持续、稳定和健康地发展。

在企业管理中,健全企业的管理机制非常重要,企业应制定严格的、统一的管理制度和标准,这样才能助力企业的有序发展,推动行业间的经验交流,更有助于管理会计效能的发挥。

企业建立健全管理制度,规范工作人员的行为,有效提高员工的综合素质,促进企业创新能力与实践能力的结合,可以带动企业的经济发展,进而使管理会计的作用发挥到最大。

（四）配置优化智能化管理会计系统及软件

随着互联网时代的发展、计算机应用技术的成熟，当前的管理会计系统及软件也在不断升级、优化，这就对管理会计软件的应用者提出了更高的要求，需要不断增强计算机操作能力、更加熟悉软件的使用。目前开发的智能化软件拥有很多功能，可以实现功能的最大化，但也要注重操作系统的简洁化，只有这样，智能化管理会计系统及软件的优点才能被更好地发挥出来，同时也能更好地促进管理会计人员的工作，提高工作效率和工作质量。高效的管理会计软件可以保证企业的正常运行与发展，只有不断地升级优化智能化管理会计的工作配置，才能保证管理会计在智能会计时代的应用更广泛。

综上所述，作为新兴的企业会计管理模式，管理会计要想在企业管理中更好地发挥作用，需要不断地创新与改进。在网络时代，更多的企业管理者意识到了管理会计在企业管理中的重大意义，管理会计不只是能更好地处理会计信息，还能够提高工作人员的办事效率，整合优化人力资源。

第二节 智能化管理会计信息系统架构

随着改革开放的不断深入，我国经济社会的发展进入了新的时期。在新时代背景下，作为企业来说，应当积极适应新形势，不断优化自身的产品结构，努力提升生产效率，不断提高企业的创新力，进而增强企业的发展活力，只有这样，企业才能在激烈的市场竞争中脱颖而出，实现质的飞跃。

对于传统企业中从事管理会计工作的人来说，工作中需要花费大量的时间和精力,还有可能会出现这样或那样的错误,甚至影响企业的发展。面对激烈的市场竞争环境,智能化管理会计系统的良好应用,有助于企业作出快速、准确的反应,进而增强企业的竞争力。

一、智能化会计系统的相关概念

就智能化会计系统来说,它是指基于企业的会计信息进行人工智能相关分析,进而得到企业在决策中所需要的相关数据信息,并根据这些信息做出最终决策的系统。

所谓的会计电算化,是指通过对会计软件的利用,"指挥"计算机完成人工难以完成的各项会计工作。

所谓的会计信息系统,是指信息化的会计制度,或者是计算机化的会计制度,也就是会计制度整合信息科技的系统。在信息化社会,企业的经营环境发生了变化。无论是企业或组织主动地采用信息技术来发展自身的竞争优势,还是被动地应用与经营伙伴相契合的信息科技来维持企业的运营,都投入了不少精力和资源,并运用信息系统来处理企业的各项工作。它是一个计算机化的会计系统,它将会计资料变成会计信息,供组织内部和外部使用,会计信息系统通常被视为管理信息系统中的一环。

二、智能化管理会计的意义

管理会计系统是一套正式的、例行性的,并提供经理人内部与外部环境信息的系统,通过管理会计系统的使用,可以促进决策制定、达成特定目标。对于企业来说,要选择适当的管理会计系统,才能达到企业预期的目标。传统的生产方式以成本领导策略为基础，其特质为规模经济、以生产大量高度标准化的产品为目标，从而可以应对企业在经营过程中出现的各种问题。综合而言，智能化管理会计的意义在于运用多学科的知识，针对企业的不同需求，收集并整理分析各项数据，并采取不同的措施，促进目标的实现。目前，只有智能化的管理会计系统，才能有效应对如此繁杂的工作。

三、智能化管理会计系统的总体架构

会计人员面对企业环境的改变与企业管理观念的转变，需要不断学习管理知识和技巧，才能充分发挥管理会计的功能。

目前，管理会计面临着一个重要的转折点：激烈的市场竞争及不确定的经营环境给企业管理者带来巨大的压力，管理者需要运用更多的管理信息做出正确的决策，并不断改善企业的财务绩效。

管理会计和传统会计的区别在于：让企业了解管理会计的功能，从而重视会计，利用会计报表，贯穿理论及实务，把经验理念和管理会计结合起来，充分发挥管理会计的功能，谋求企业的进一步发展。但前提是要健全企业会计制度以及诚实记账，保证财务报表的真实性，而且要能反映企业经营的实际状况。

管理会计的范畴非常广泛，管理会计技术种类也很多，例如，作业制基础成本制度、作业制基础成本管理制度、品质成本管理、产能成本管理、目标成本管理、生命周期成本管理、绩效评估，以及平衡计分卡等，但由于企业内部资源的限制等，许多与管理会计相关的工具和管理制度在应用过程中受到限制，此时会计管理系统就应运而生。

知识库系统储存了专家系统所需的经验性与一般性知识，并将这些知识进行系统的表达或模块化处理。知识库可以说是专家系统的记忆单元，虽然知识库负责储存信息的功能与传统数据库类似，但在信息组织与步骤等方面的方法是不同的，它必须经由分类、解释等人工处理，才能被应用于辅助决策。而建构一个成功的知识库系统，对知识的撷取与表达是其关键。

四、智能化系统设计

（一）专家系统

在介绍专家系统的特征前，我们先介绍一下专家系统的定义。所谓专家，就是经由训练及经验累积，能解决一般人无法解决的问题的人。他不但拥有该专业庞大的背景知识，也能够按照标准和方法有技巧、有系统地应用这些知识，来解决各种专业的问题。而专家系统，有时又被称为知识库专家系统、智慧系统或聪明系统，是一种可用来模拟人类专家的决策过程，以辅助非专家使用者进行决策的计算机程序，其目的是协助使用者针对某一特定专业领域的问题，做出情境判断和解释。

1.数据的获取与管理

数据的获取可以说是专家系统的记忆单元，虽然数据负责储存信息的功能与传统数据库类似，然而在信息的组织、并入和执行等步骤与方法上均有所不同，数据的获取与处理包含的是可协助完成决策的知识性信息。就企业经营管理来说，基于企业管理经营过程所建立起来的会计数据共享模型，在很大程度上有利于财务信息的反馈。通过对各部门相关信息的集成，结合企业经营过程中的数据，通过有效储存、处理和使用，实现信息的进一步集成，从而提高企业的运作效率。

2.知识的获取与处理策略

就管理会计领域而言,需要运用到多学科、多领域的知识,如评估决策、成本分析等,除此之外,还要掌握各种公式和图表等。面对众多的知识需求,如果采用人工处理的方法,则对个人的能力要求较高,还可能会出现各种各样的问题,所以应用智能化管理会计系统是很有必要的。总体而言,管理会计在工作中需要解决的问题通常比较繁杂,建立以管理对象为基础的推理机制势在必行。

(二)管理会计交互系统

所谓的管理会计交互系统,指的是公司在做出任何决策之前都会向系统提出相关问题,而这些基于现实情况的问题通常都是较为复杂的,需要用户进行回答,以利于系统在此基础上做出更好的决策。该系统将基于"Y""N"的选择,尽可能地让用户回答的问题更容易些。用户可以根据实际情况选择一个或者多个选项系统进行回答,基于这样的设计可以让用户更加方便地在决策过程中与系统进行对话。

(三)数据库系统

数据库系统相对于以整合人工智能等信息技术和认知心理学等专业领域,建立出足以模拟人类专家决策模式的专家系统,数据库系统更强调知识本体的建构模式,以及它在组织与个人之间的传递效率,因此并不以个别专家的决策模拟为其终极目标,而是强调以知识为其管理目标与基础的系统。

数据库的管理功能应包括:有效地获取及组织数据,有效地保存和保护数据,适时将数据传播到适当的地方、给适当的人,有效地创造新数据,能营造并加强有利于数据生成、转移、使用的组织文化。对于企业数据库而言，既要对企业的生产经营数据进行有效反映，还要在此基础上制定一定的规则加强对数据的管理。

（四）系统安全保障

总体而言，为了确保智能化管理会计系统的安全，可以通过以下几种方法来保障。

一是信息加密措施。信息加密措施主要包括将伪装数据添加到数据中，从而让非法的入侵者无法辨别数据的真伪。

二是物理安全措施。物理安全措施主要指的是将相应的信息处理设施存放在防磁性能较好的隔离环境中，并设置一定的门禁系统，从而进一步防止未经授权的人员接触这些设施。

三是防火墙设施。该设施主要包括设立一定的网络通信监控系统，并以此来防止信息系统遭到入侵。

四是安全管理措施。该措施主要包括安全服务管理、系统安全管理、安全教育，以及安全机制管理等。总而言之，对于系统安全保障来说，必须依照企业的具体情况而进行。

综上所述，目前管理会计的发展逐渐走向独立，并且由原本的知识资料的记录，提升到根据过去的记录做预测，进而依据预测情况进行控制。就智能化管理会计系统而言，是在传统管理会计的基础之上，利用包括知识库、面向对象的推理机制、人性化的管理交互系统，以及系统保障等措施，来促进企业的高效运行。

第三节 智能化核算下会计人员管理

一、智能化核算体系及其具体表现形式

智能化核算体系主要是指企业在进行财务会计核算的过程中，依托当前的大数据技术和信息共享技术等先进的、智能化的数据整合、传递技术，将一些重复度较高且易于标准化操作的核算业务交由所构建的智能化核算系统进行自动处理，以提高核算效率和质量的数据平台。

结合当前智能化财务核算的实践，目前已经开始投入应用的智能化核算体系主要有以下两种表现形式。

一是财务共享服务中心。企业为了提高整体的财务工作质量和效率，规范财务工作的流程和标准，以降低财务管理成本，在其内部构建提供财务业务服务的部分独立或者完全独立的平台，来集中处理重复度较高的财务业务。财务共享服务中心取代的主要是企业的会计核算业务，主要包括资金核算、应收应付核算、费用报销核算，以及财务报告等内容。

二是财务机器人形式。财务机器人是机器人流程自动化技术在财务领域的应用，其原理主要是基于计算机编码和规则的软件，是通过执行重复的基于规则的任务，将一些手工活动进行自动化的技术。2017年，国际四大会计师事务所率先推出了财务机器人并应用于实际工作，以取代一部分高度重复的手工操作，在财务工作效率提升、财务信息质量改善及降低财务管理成本等方面具有十分重要的意义。

二、智能化核算体系对会计人员的影响

无论是财务共享服务中心，还是财务机器人，其核心都集中在企业的会计核算方面，主要是因为会计核算是财务工作中重复度最高的工作，且其受会计准则及会计法规的约束，较容易被标准化和数据化。因此，智能化核算体系的应用，将会对传统的会计人员产生较大的影响，并且这种影响具有双面性，表现在以下几方面。

（一）智能化核算体系对会计人员的有利影响

在智能化核算体系下，企业的会计人员受到的有利影响主要体现在两个方面。

一方面，大幅降低了会计人员的劳动强度和工作压力。智能化核算体系实施后，不仅将一些重复度较高的核算业务交由核算体系自动处理，提高了核算的精准度，同时还能够实现自动对账、生成财务报表等，从而大幅降低了会计人员的劳动强度和工作压力；

另一方面，有利于会计人员充分发挥会计核算的监督职能和决策支持职能。在智能化核算体系实施之后，会计人员从复杂、重复的工作中解放出来，从而使其有充足的时间来对核算数据进行整合分析，进而能够及时发现核算数据所反映的问题，充分发挥了会计核算的监督职能，同时还能够通过数据分析为管理层提供对决策有益的会计信息。

（二）智能化核算体系对会计人员的不利影响

在智能化核算体系下，企业的会计人员受到的不利影响主要体现在以下

两个方面。

一方面,对传统的财务人员产生了较高的替代性。依托于大数据、财务共享和财务机器人的智能化核算体系的应用,可以及时、有效地处置核算过程中的高反复性的工作,并能依据已建立的业务流程进行逻辑判断,对于财务会计的确认、计量和记载报告等工作,都可以由系统进行自动化的操作来实现。这意味着大部分传统的会计人员的工作将会被该体系所取代,从而促使会计人员不得不尽快转型,否则将会面临失业的风险。

另一方面,对会计人员的岗位将会产生不利影响。传统的出纳、会计等岗位的工作范围和工作内容将会发生颠覆性的改变,会计人员不得不学习新的业务知识,以适应新的工作岗位。

三、智能化核算体系下会计人员的管理方向探讨

(一)智能化核算体系下会计人员的转型方向分析

在实施智能化核算体系之后,传统会计人员的转型主要向三个方向发展,这三个方向在此分别以 A、B、C 三个字母代替。其中,方向 A 的转型路径为"传统会计核算人员—财务与风险管理中心";方向 B 的转型路径为"传统会计核算人员"分别向体系的"运营管理者""关键技术人员"和"运营业务人员"三个方向发展;方向 C 的转型路径为"传统会计核算人员"分别向业务财务的"研发环节业务财务人员""销售环节业务财务人员"和"投资环节业务财务人员"三个方向发展。

（二）智能化核算体系下的会计人员管理方向规划

在对智能化核算体系下企业会计的转型方向进行了分析和明确的基础上，企业的管理层应当结合不同的转型方面的具体需求，对其会计人员进行如下方向的管理。

1.会计人员向财务与风险管理中心转型的管理规划与设计

在智能化核算体系下，财务与风险管理中心作为体系内的财务决策中心，其职能主要有：将财务与非财务信息进行有机统一和融合，以企业的市场战略为基础，参与分析价值链对企业价值的影响，并对阻碍企业总体战略目标的风险因素进行评估及科学管理、提供企业的战略成本信息、结合企业面临的内外部经济环境，以及生产经营计划的主要影响因素，来对投资方向和资源配置方案进行明确，向企业的管理层提供有用的决策信息。

结合智能化核算体系下财务与风险管理中心的主要职能，向此方向转型的会计人员需要以企业价值为核心，来对发展战略进行评价和选择，因此企业应当对向此方向转型的会计人员进行如下转型管理。

一方面，要培养会计人员的战略思想。即在对财务资源进行规划时，要具备全局的视角，并且能够为战略目标的实现提供具有顶层设计的意见与建议。

另一方面，要使该部分会计人员具备较高的综合素质和复合知识结构。不仅要具备成本控制、财务分析和报告能力，还要具备财务风险管控等专业知识和能力，以符合价值管理、战略管理及资产管理的知识结构需求。

2.会计人员向智能化核算体系技术方向转型的管理规划与设计

智能化核算体系的技术方向更侧重于对系统的运营管理、维护，以及一些已经予以标准化的业务操作等方面。因此，对于向此方向转型的会计人员，企业应当进行如下管理规划与设计。

一是向运营管理者转型的会计人员。由于智能化核算体系的运营管理者不仅要具备较高的项目团队管理技能，同时还要对其管理的业务有十分深入的了解和全面的掌握。因此，在智能化核算体系实施的初期，企业对这部分人员的需求，往往需要通过外聘的方式来实现。但在系统稳定运行之后，企业可以通过技能培训等方式，将部分会计人员向该方向进行管理转型，以补充该岗位的人才需求。

二是向智能化核算体系内的关键技术人员转型。智能化核算体系从其整体需求来看，是以绩效管理、内部控制、风险防控、信息化和标准化为基本前提的，因此会计人员要想转型为关键技术人员，必须先要成为这些方面的专家型人才，在系统内具有不可替代的作用才能转型成功，向此方向转型的会计人员在做好运营业务人员的基础上，也可通过学习而进行二次转型。

三是向运营业务人员转型。在智能化核算体系中，运营业务人员属于技术方向部分的基层人员，他们主要从事的是已经设计好的标准业务操作工作，对于技术的需求度不高，只要具备一定的计算机基础、英语基础及财务基础，即可进行已经设计好的标准核算业务操作。因此，在智能化核算体系下，向此方向转型将会是大部分会计人员的主要选择。但由于转型障碍较小，同时也在会计人员的收入和发展空间方面存在较大的局限性，使得此方向的会计人员存在较高的流动性，加大了企业对会计人员的管理难度。企业可以在实施智能化核算体系之后，针对运营业务人员设置一定的岗位等级，构建具有差异化的员工晋升通道，以提升传统会计人员向智能化核算体系转型的意愿和力度，进而降低企业总体的智能化核算体系实施和推进的阻力。

3.会计人员向智能化核算体系业务财务方向转型的管理规划与设计

在传统的财务管理和核算中，会计人员与企业业务之间是相互分离的，业务人员对于财务工作不熟悉，财务人员主要以事后核算监督控制为主，较少深入到业务工作的具体环节和流程，从而难以快速辨识企业在运营管理过程中存在的问题和风险。

在智能化核算体系下，促使会计人员向业务财务方向转型，并对其进行管理规划与设计，能够较好地解决前述问题，充分利用财务管理理论推动企业业务决策的科学化，同时将业务相关信息数据化为财务信息，并利用信息化系统传递至财务与风险管理中心，进而实现风险的快速识别和防范，给决策机构提供重要的业务信息。

结合企业在生产经营管理过程中的主要内容，会计人员向业务财务方向的转型内容可规划和设计如下。

一是在产品的研发过程中，会计人员应当结合产品的研发、生产及投放市场的各个阶段，利用管理会计的本量利分析、投资项目决策等分析工具和决策手段，来推动研发活动的科学有效实施，特别是在新产品或新服务规划阶段，转型为业务财务人员的会计人员可以通过对新产品的投资效益及其价值链进行分析和整合，制定出相应的分析模板及财务专业参数，从而为新产品制定决策及进行决策选择，提供有力的数据支持。

二是在新产品投入市场的初期，业务财务人员可以发挥的作用有：通过定期或者不定期对产品的盈利能力及效益生命周期数据进行分析和整理，形成对产品效益进行监督的机制，从而为业务部门进行产品的市场销售预测及进行预算调整提供相应的支撑。

三是在产品的销售成熟阶段，业务财务人员可以发挥的财务作用有：其一，在销售策划环节，业务财务人员可以进行营销策略的盈利性分析，从而为销售部门的销售价格战略、产品组合战略提供一定的决策支持；其二，在销售策划的执行环节，业务财务人员通过对执行情况及执行数据的统计评估，出具相应的评估报告，在为销售部门提供商业模式分析的同时，也为其进行营销渠道成本效益分析、客户的盈利性分析及流程的持续改善提供一定的参考。

四是在企业的投资环节，业务财务人员可以发挥的财务作用有：其一，在进行投资决策之前，利用投资回收期测算、净现值法等，对项目的现金流量情况及经济效益情况进行精细化测算和评估，为项目决策提供财务方面的可行性分析；其二，在企业并购决策中，会计人员可以通过资本预算，认真做好预测工作，从而编制出有效的可行性分析报告，为并购决策提供支撑；其三，可以帮助企业在投资过程中对资本结构进行优化，从而降低资本成本，提升投资收益。

（三）会计人员管理方向转变的风险识别及应对策略

企业在实施智能化核算体系的过程中，受财务核算和管理流程的变革影响，将会面临一系列的风险因素，这些风险因素不仅会给智能化核算体系的实施带来阻力，还会给企业带来潜在的经济损失，因此有必要对此过程中的风险进行识别和应对。

1.会计人员管理方向转变的风险识别

在实施智能化核算体系的过程中，由于传统的财务会计重核算、轻管理的模式已经被打破，会计人员的职能转型已成为必然，在此过程中企业将会面临的风险主要有以下方面。

一是企业会计人员的综合素质难以与智能化核算体系的需求相匹配、难以适应和应对风险，即受传统会计的影响，部分财务人员因知识结构体系老化而难以满足新体系的需求，从而容易产生风险。

二是在实施智能化核算体系之后，会计人员面临的转型方向较多，而大部分会计人员对于不同转型方向的具体内容又知之甚少，因此在进行转型方向选择时，容易出现自身的业务素质与岗位选择不相适应的情况，进而在转型完成后容易在新岗位上出现疏漏和错误，从而给财务管理带来风险。

2.会计人员管理方向转变风险的应对策略

针对上述风险，企业的管理层可从以下两个方面采取风险防范措施。

一方面，通过一定的资金投入和时间投入，来更新会计人员的知识结构和体系，提升其综合业务素质，降低因此而产生的素质与岗位不匹配、难以胜任岗位工作的风险。

另一方面，做好智能化核算体系实施之后的转型方向及其具体内容、要求的分析和宣传工作，以便于会计人员能够根据自身的业务素质和能力水平，进行科学的选择，降低因选择失误而引起的一系列后续风险。

以上结合智能化核算体系的具体表现形式，分析了实施智能化分析后对企业的会计人员将会产生的有利和不利影响，并在此基础上结合会计人员的转型方向提出了如何对智能核算体系下的会计人员进行管理，旨在为企业顺利推进智能化核算体系、减少阻力和风险提供一定的参考。

第四节 大数据智能化下管理会计发展

近年来，大数据、智能化及云计算发展的速度越来越快，在给各行各业带来挑战的同时，也带来了机遇。管理会计作为会计的分支受到的冲击不容小觑，但其发展前途也因此更值得重视。与此同时，制造业企业应当结合大数据和智能化转变其传统的会计体系，适当地将重心移到管理会计上，实现从数据报表到制定决策的根本性转变，创造更多的价值。因此，为使管理会计更适应时代的发展，并提升我国的产业基石——制造业的会计管理系统效率，探究管理会计在大数据及智能化背景下应用与发展的新途径尤为重要。

一、管理会计创新的必要性

目前，我国的财务会计虽然能够维持企业的经营运行，但它更倾向于分析过去的数据信息。相较于管理会计，财务会计的职能范围相对较小，发挥的管理作用不及管理会计，因此传统会计向管理会计转型应是企业发展的改革内容之一。此外，就管理会计本身而言，除了制度不完善以外，在大数据、智能化发展突飞猛进的时代，它还面临着更多的挑战，管理会计与现代信息技术的结合发展很有必要。

在智能化方面，智能化对企业的管理信息系统水平有较高的要求，达到一定程度的管理信息系统才能更高效地实现管理会计的信息化，为企业筛选有价值的信息。信息技术的不完善会直接影响企业管理会计信息化的发展，对管理会计智能化建设不利。

在信息使用方面，通过大数据获取的会计信息比传统会计信息更完整、准确，数据仓库和数据挖掘技术能够帮助企业更清楚地了解其与客户、供应商的关系，以及供货生产需求。但在实际应用中，可能会因技术不够先进而导致数据挖掘不充分或者会计信息价值低，使最终的效果并不理想。

在企业执行方面，科学的管理会计体系可能会需要更多的分析周期和资金投入。就制造业来说，准确的成本核算尤为重要，管理会计中的生命周期法及作业成本法，都为成本分析提供了改进成本和提高效益的信息。然而，生命周期法需要跨越产品的整个生命周期，从制造生产到销售再到售后服务；作业成本法不仅需要建设作业成本池，还需要精准地识别成本动因，这都需要大量的资金投入。因此，基于管理会计多方面的要求，结合大数据、智能化及云计算，创立管理会计新模式、构建新体系十分必要。

二、创新发展途径

在大数据、智能化时代，我们需根据企业愿景，制定顺应时代的管理会计信息化的总体战略和具体目标，以坚实的大数据为基础，加快各类资源池等基础设施建设，将大数据技术、云计算平台和智能化系统等嵌在管理会计信息系统中，将各种预测模型、分析工具和控制流程等进行具体化，将供应商数据、客户数据与各类会计数据有效结合起来，进行综合应用，在海量数据中筛选出高质量的数据及信息，保障预算管理、成本控制和支撑战略决策、营销支持，以及绩效考核，最后利用管理会计的原理和方法，对企业活动进行预测、策划、控制和评价。

（一）预算管理

无论是在传统时代，还是在信息时代，预算管理都是企业业务流程中的重要部分,它可以帮助企业有计划地开展各类业务,为业务结果提供评价依据,从而帮助企业改进绩效、把控发展的速度和方向。

与传统预算管理不同的是,利用大数据和智能化的预算管理,更能够帮助企业适应瞬息万变的市场。就制造业的预算来说,主要是分析市场环境,包括上游供应商和下游客户的供求关系及相关成本数据,智能化的预算管理能根据企业相关数据在较短的时间内生成预算报表,随着 ERP 中的预算管理功能的使用及其他相关软件在企业中的应用,预算管理的智能化趋势日益显现。

(二)成本管理

成本管理也是管理会计的一个重要组成部分,在保证产品质量的前提下尽可能地降低成本,这对企业节约资源、提高效益有着重要的意义。

在会计处理方法上,管理会计的作业成本法以成本动因为基础分配成本,这较传统的会计方法更为准确。这种方法需要识别出合理的、正确的成本动因,并且构建合理的作业成本池,否则会造成成本失真。应对成本实行信息化管理,即利用大数据技术分析产品成本的组成部分及比例。

在成本核算分析上,ERP 的使用使得企业各个模块法人的分工既明确,又紧密结合。就成本模块来说,成本的发生会记录在成本中心,然后再将成本原始信息传送到核算和利润中心,进行加工分析处理,最终生成成本信息的各类指标和比率,以此为管理者提供决策依据。

成本管理的智能化在于通过合理的方法减少信息失真,同时对原始信息进行加工和智能分析,将低成本作为企业的一种能力来培养,从而提高企业的竞争力。

（三）绩效管理

绩效评价管理作为管理会计的重要工具之一，在企业经营管理活动中的重要作用不言而喻，管理者可以根据企业的绩效水平制定合适的预算及其他决策，例如，是扩大生产、加强市场竞争，还是重视内部管理、采取保守市场政策。

平衡记分卡是一种相对完整的企业绩效评估工具，适合企业的长期战略管理，它主要包括财务维度、顾客满意维度、企业内部流程维度和员工的学习与成长维度，可见它不仅需要财务数据，还需要非财务数据，所以它比传统的绩效管理更加全面。然而，非财务数据在获取和评估标准上都具有较大难度，这就需要企业充分利用大数据技术将非财务数据信息化，然后通过智能化分析，对平衡记分卡各部分进行评价。

除了平衡记分卡以外，其他绩效管理工具如杜邦分析法、EVA，都可以在大数据及信息化的基础上结合智能化，以此提升企业的绩效管理效率。

（四）信息系统

企业的信息系统不仅包括制定决策所需的会计信息，还包括其他相关信息，它不仅在企业内部流通，还与投资方、被投资方、供应商和外部客户息息相关。在传统的会计信息系统中，企业信息很难与外部信息同步，滞后性会影响企业对信息的使用效果；而现在，在资金流动、纳税申报和政策通知等方面，都可以通过以云计算为核心的信息平台实现信息共享。企业内部也可以利用这个平台共享信息、高效传输数据，最大化地提升企业的信息利用效率和利用能力。在云计算技术的支持下，企业能够在短时间内建立专业、全面的信息管理系统，实现信息系统的高效利用。

三、企业管理会计发展

在管理会计实现职能的过程，可以预测企业未来的经营、财务状况及现金流量，以帮助企业做出合理预算；通过事前、事中控制来进行成本控制和差异分析，从而改进绩效；通过绩效管理和指标分析，帮助企业进行长短期的经营决策。

在瞬息万变的市场上，预测制造业企业的发展，需要提高其动态性和战略性，才能做到管理会计预测到位职能的实现，滚动型预算方法、战略成本管理及全面及时的业绩评价都可以使企业平稳地应对变化，提高管理会计在企业管理中的决策效率。

在制造业中，成本控制尤为重要。我国制造业管理会计应顺应时代的发展，把成本控制培植为一种能力，实现管理会计的高级功能，通过全面预算管理、战略成本管理、责任会计、绩效评价、价值链分析、成本动因分析、竞争对手分析，以及企业竞争力分析等，使管理会计成为制造业的增值中心，获得持续稳定的价值增值，增强企业的竞争力。

目前，制造业对管理会计的应用越来越重视，但使用的相关系统仍然仅能满足财务会计的功能。为全面发挥管理会计的功能，就要考虑企业内外部的软件及平台运用。

在企业内部，最大化利用 ERP 管理系统，将管理会计与 ERP 高度融合，才能实现管理会计方法的实际运用效果。ERP 系统的特征就是集成和共享，将企业所有部门的业务信息、资金信息、人员信息和财务信息全部整合在一个系统当中，大大地提高了信息的传递及使用效率。

在企业外部，解决制造业管理会计信息化困难的方法，就是要将其平台化，借助云计算建设管理会计信息化平台，实现制造业的资源整合。通过制造业的管理会计信息系统及其他软件应用的集成，实现管理会计内外部信息高效沟通的功能，最终提高制造业管理会计的信息处理能力。

管理会计未来的发展，一定是顺应时代的，就像财务会计向管理会计转型一样，在结合大数据、智能化和云计算平台化后，它会发挥出管理会计更充分的职能。

相比于财务会计，管理会计强调预测未来，根据时间价值来对资金流动进行整合分析，从而制订计划。管理会计需要编制预算，预算可以帮助企业控制业务活动，然后将计划、预算与结果分析紧密结合起来，提供对企业决策有价值的信息，这是智能化替代不了的，也是管理会计人员的职业所在。

由于管理会计具有多项职能，会使企业更重视、更多应用管理会计。此外，在大数据、智能化时代，管理会计为企业发展带来了更多的优势，人工智能不仅可以减少人为错误造成的信息失真，也能在一定程度上减少人工干预，提高了会计工作的质量；财务机器人代替人工完成重复又大量的基本工作，一方面节省了人力和时间，另一方面也提高了会计工作的效率和质量，对于提高企业的竞争力、促进企业的发展意义重大。

第五节 互联网对财务会计智能化管理

在 21 世纪的今天，计算机技术、网络技术在经济社会、企业生产、人民生活过程中发挥着越来越重要的作用，随着"互联网+"的深入发展，在财务管理方面实现实时通讯、实时票据验证、实时财务统计汇总，以及应用专家系统进行咨询和判断等，都可能成为现实。财务会计作为企业的重要组成部分，必将以强大的互联网技术为依托，借助"互联网+"思维，创新生产方式、组织结构和服务模式，在创新、变革和融合中不断发展壮大。

自 1979 年我国首次试点会计电算化起，会计行业是最早利用信息技术的传统行业之一。会计行业将信息技术、通信技术和密码技术等应用于会计管理工作中，特别是在大数据分析技术的快速发展中，改进企业管理水平、提高财务决策速度、增加收入预测、有效降低成本，以及提高企业的市场响应能力等方面取得了突破性进展。

一、财务宏观管理网络化

财务会计的本质是对各种财务会计信息进行加工整理，使之成为对管理有用的信息，最终通过报表体现信息的价值。传统的财务会计信息来源非常分散，信息杂乱无序，需要大量的人工进行初级处理。进入"互联网+"时代，大量的财务会计信息可以通过网络获得。自 2015 年国家税务总局发布《关于开展增值税发票系统升级版电子发票试运行工作有关问题的通知》后，北京、上海、浙江、深圳于 2015 年 8 月 1 日起开展增值税发票系统升级版——电子发票，自试运行以来，电子发票已经逐渐得到应用，并获得企业和个人的认可。未来，通过财务系统与电子发票系统对接，直接获得发票已经成为可能。电子发票所承载的信息无须通过人工或通过扫描等方式间接读取，而是能直接读入到财务系统中。此外，对于通过网络订购的飞机票和火车票的数据、酒店住宿数据等，通过网络获取也不存在技术障碍；对于生产领域的各种生产数据和销售领域的数据，也都可以通过互联网直接、实时传输到财务系统，大大提高了获取财务信息的效率。

二、财务软件从电子化迈向智能化

随着计算机应用的普及,互联网和信息技术的融合迅速发展,为财务软件的迭代和升级提供了有利的技术支持。财务软件通过互联网获取信息的能力不断提高和完善,规范、有序、实时和精准的财务信息为财务软件智能化处理财务信息提供了保证。

通过利用大数据技术、区块链技术等对财务软件的不断创新和完善,财务系统能从繁杂、模糊、无序的财务数据与非财务数据中自动搜索和提取有用信息,并对数据进行转换,从数据中提取有用信息进行分析、处理,乃至可定向地为信息使用者提供其所需的财务信息。随着自动获取信息、自动识别信息和自动处理信息的能力不断增强,财务软件必然逐渐走向智能化。

随着"互联网+"、物联网等技术的发展,通过与云计算、大数据和区块链等高科技的融合,财务会计工作必须顺应时代的发展要求,应用网络化和信息化技术,来满足企业从物流采购、生产制造到决策支持的全链条的对财务数据的快速需求。

"互联网+"、物联网、工业互联网和在线支付等融合,打破了财务数据和信息的时间与空间界限,使财务信息中的资金流和汇总报表等呈现高度的开放化和即时性,通过建立财务信息共享服务与管理平台,实现了财务数据信息资源的及时控制和管理。

随着APP和移动支付等技术的发展,财务信息的使用者、监督者和管理者等可以利用移动终端随时采集与其决策相关的有关企业在过去、现在和未来的所有信息。

三、财务纸质报告格式的改变

在传统财务会计中，纸质的财务报表是财务报告的统计和分析核心，所带有的附表和附注等提供了报表以外的货币性信息和非货币性信息，二者对于财务报表的作用是互为补充、互为支撑的。

在网络时代，财务会计对于财务数据和信息的收集、加工、存储、处理，以及展示等都可以实时完成，对于资金问题进行迅捷、精确的把握，可以使财务数据和信息的及时性和有效性得到提高。当前，报表的监督者、管理者和决策者等可以根据企业业务发展需求，以财务会计的原始数据为基础，推进财务信息化与移动互联网的融合，进行再加工、深度展现，以获取更有利于决策的信息。

网络时代已经改变了人们的生活方式，也改变了企业的财务运行方式。建立知识经济的财务预算和决算体系，展现财务报告的人力成本、创新要素、成本核算和环境保护等信息的紧迫性高涨，以附表、附注形式披露的信息不再是会计报表的补充，以前并不重要的信息或受成本效益原则约束无法披露的信息，都在这个时期需要充分、及时、准确地展示处理。传统财务会计报告的结构和内容已经做出重大改变，企业需要财务管理的新变革；在网络实时通信和连接的财务会计管理中，实现财务数据和信息的即时报告和定期报告，按需分配，给不同的需求者提供不同的报表，可实现随时在移动终端上查阅有关信息，并获取财务分析的资料，提高决策的及时性、有效性和正确性。

四、财务票据验证和获取新应用

"互联网+"财务管理就是运用大数据挖掘、风险分析软件、信息平台、专家支撑系统等，按照"即时统计与展现"思维方式，实施"互联网+预算管理""互联网+资源配置""互联网+绩效考核""互联网+财务分析"等，来实现企业的财务核心价值管理，引领企业的整体价值不断提升，助力企业转型再上新台阶。

"互联网+"财务转型的目标主要包括以下几个方面。

一是要建立财务管理目标，梳理财务管理机制，建设创新体制，以满足企业未来的整体业务发展为目标。

二是建设财务预算、资源配置和考核决算三位一体的管理架构，建立以企业业务链条为轴心的财务管理链条。

三是要加入财务管理业务与业务管理的融合，让财务信息参与经营，引领企业整体价值提升。

四是要做好风险防范工作，及时发现潜在的财务会计风险，确保企业的可持续和健康发展。

当前完善互联网化的财务管理机制，建立适应整体业务发展的预算、资源配置和考核体系，就是要构建差异化的全面价值管理体系，以互联网化指标来评估企业的价值。

五、财务信息开放是未来财务管理的必然途径

传统的财务信息获取途径是分散的，以票据、表格等形式存在，通过专业人员识别和计算等加工，形成可用的财务信息。在互联网普遍应用、财务系统智能化不断发展的今天，很多财务信息存在于互联网上，可以通过互联网获取到相关的财务信息。但是，有些部门单位对财务信息的独占，阻碍了各种财务信息通过互联网的获得。

近年来，电子票据的应用为财务信息电子化提供了有效途径，但也只是实现了本部门的电子信息化，而无法实现电子信息的社会化。

例如，电子发票的应用实现了使用者方便获取结算凭证，但还没有实现直接通过互联网获取需要处理的发票信息，只有税务部门开放电子发票系统的数据接口，让税务登记认证合格的使用者可以从财务系统直接获得电子发票的相关数据信息，才能实现对电子发票进行智能化管理的账务处理。

又如增值税专用发票抵扣，需要企业花费大量的人工从事认证工作，如果税务部门开发数据，使企业通过税务部门的数据库直接获得专用发票信息，在通过区块链等技术保证发票唯一性的前提下，则可省去发票验证的环节，节约大量的管理成本。因此，有关部门对社会单位开放数据资源将极大地推动财务管理向智能化发展的步伐。

创新体制机制成为"互联网+会计"的重要驱动力。手工记账的阶段被会计界称为"会计1.0时代"，而计算机的广泛应用则是"会计2.0时代"的典型特征。目前，伴随着网络时代的到来，会计信息化已经进入协同交互的"3.0时代"。在这一时代，对财务数据的收集、加工和处理都变得更加迅速和快捷。

参 考 文 献

[1]史习民．管理会计[M]．杭州：浙江人民出版社，2009．

[2]韩文连．管理会计学[M]．北京：首都经济贸易大学出版社，2018．

[3]张孝林．正合管理会计学[M]．北京：中国经济出版社，2018．

[4]张雪慧．财务管理与会计英语读本[M]．昆明：云南大学出版社，2019．

[5]胡向丽．管理会计实训[M]．上海：上海财经大学出版社，2017．

[6]单昭祥，韩冰．新编管理会计学[M]．沈阳：东北财经大学出版社，2017．

[7]孔德兰，许辉，黄道利．管理会计实务[M]．沈阳：东北财经大学出版社，2017．

[8]孙茂竹，王艳茹，李朝晖．成本管理会计[M]．沈阳：东北财经大学出版社，2017．

[9]杨眉．管理会计研究[M]．北京：中国金融出版社，2016．

[10]陈建明．经济管理与会计实践创新[M]．成都：电子科技大学出版社，2017．

[11]吴文中，平含钰．财务管理与会计实践研究[M]．成都：电子科技大学出版社，2017．

[12]徐伟丽．管理会计学习指导书[M]．上海：立信会计出版社，2019．

[13]乔春华．高校管理会计研究[M]．南京：东南大学出版社，2015．

[14]郭晓梅．高级管理会计理论与实务[M]．沈阳：东北财经大学出版社，2016．

[15]王素霞，金春，陈小兰．管理会计学项目化教程[M]．上海：上海交通大学出版社，2017．

[16]刘德道，郭利运，刘昌源．管理会计学学习指导与技能训练[M]．北京：中国经济出版社，2017．

[17]潘飞．中国管理会计理论与实践[M]．上海：上海财经大学出版社，2015．

[18]刘爱东．现代管理会计学[M]．长沙：中南大学出版社，2011．

[19]王兴德．现代财务分析方法管理会计篇[M]．上海：上海财经大学出版社，2016．

[20]周清明，兰桂华．现代管理会计论纲[M]．长沙：湖南大学出版社，2009．